《阳明先生小像》（局部） 明 · 蔡世新 绘

依旧青天此月明

王阳明小传

邵逝夫 著

齊魯書社
·济南·

图书在版编目（CIP）数据

依旧青天此月明：王阳明小传 / 邵逝夫著. 济南：齐鲁书社, 2025. 7. -- ISBN 978-7-5333-5300-1

Ⅰ. B248.2

中国国家版本馆CIP数据核字第2025DB8821号

责任编辑　许允龙
装帧设计　刘羽珂

依旧青天此月明：王阳明小传
YIJIU QINGTIAN CIYUEMING WANGYANGMING XIAOZHUAN
邵逝夫　著

主管单位	山东出版传媒股份有限公司
出版发行	齐鲁书社
社　　址	济南市市中区舜耕路517号
邮　　编	250003
网　　址	www.qlss.cn
电子邮箱	qilupress@126.com
营销中心	（0531）82098521　82098519　82098517
印　　刷	山东新华印务有限公司
开　　本	880mm×1230mm　1/32
印　　张	9.25
插　　页	4
字　　数	170千
版　　次	2025年7月第1版
印　　次	2025年7月第1次印刷
标准书号	ISBN 978-7-5333-5300-1
定　　价	58.00元

小 序

这些年，阳明学的热度持续高涨，关于阳明的各式传记，书市上已经很多了，笔者的书架上便有十数种，其中不乏考据严谨者，亦不乏情节动人者。既然如此，为何还要再写这本阳明小传？平心而论，我最初的出发点并不是要写出一种新的阳明传记，只是想为接下来要写的两部书稿——《王阳明修身日录》与《传习录导读》做一点准备。我认为深入掌握一个人的生平细节，对于理解其学问与思想应该会有所帮助。虽然此前在写作《致良知——王阳明修身六讲》一书时，也曾对阳明的生平作过一番梳理，书中的六讲也是顺着他的生平演进的。然而，当时对于一些时期的细节考证并不严密，比如说阳明龙场悟道之后的京师论学时期，以及南都教学时期，又比如嘉靖帝继位之后，阳明闲居绍兴时期。这些时期对于阳明学的发展有着极其重要的意义，理当细细梳理。于是，我又重新拜读阳明全集，并对比着阅读几种阳明传记，一边读，一边做笔记，不知不觉中竟也写下了数万文字。一天，突然想到对这些文字略作补充，添补上必要的材料，或许可以撰成一个简要的阳明传记，日后用在导读文字中，不料真的动了手，才发现纵然是力求简约，也至少需要八九万字才能够将阳明的生平勉强交代清楚。如此则已然成为一册小书。进而，转念一想，既然如此，何不索性写成一部阳明小传？而观诸手头所有的十数种阳明传记，或沉溺于考据，洋洋洒洒数百万字，令读者望而生畏；或随意演绎，捏造情节，近似乎小说家言，读后对于理解阳明与阳明学几乎没有什么帮助；或因作者对阳明学并无真切体认，全然以世俗眼光看待阳明，诸多陈述令人啼笑皆非。确切地说，有些传记对阳明并无敬意，只是为了迎合一时的阳明热。倒是有数位民国学人的著述足堪一观，如胡越先生的《王阳明》、王勉三先生的《王阳明生活》，观其所述，可知他们有着莫大的抱负与志愿，只是过于简略，且于阳明之学所述甚浅。在此情况下，如果能够做到详略得当，以十万字左右的篇幅，撰就一部内容精确而又通俗易懂的阳明传记，也许可以获得一些读者的青睐。

因为前面做了大量的工作，所以，本书的具体写作时间并不长，前后仅月余。然而，为了让读者对阳明的生平一目了然，在章节的划分与命名上还是下了一些功夫，相信读者翻开目录就能够感受得到。至于书名，几经思量，终难确定。一日，允龙兄提出以“依旧青天此月明”为主书名，令人眼前一亮。此句出于王阳明《月夜二首》其一：“万里中秋月正晴，四山云霭忽然生；须臾浊雾随风散，依旧青天此月明……”大意为人心本自清明，因为自我生起种种私欲，若能切实地下致良知的工夫（《传习录》中工夫、功夫混用，本书据此未做机械统一），即可复归于本自清明之境。阳明的一生正是逐散浊雾复归清明的一生。“依旧青天此月明”，既贴切，又强调了工夫。而十万字左右的篇幅，在诸多阳明传记中自然算是小的，故而，称之为“小传”。我深知任何一部作品，无论大小，想要做到完全实现最初的构想总是很难的，是一个“几乎不可能完成的任务”，所以，对于这部小书能否做到雅俗共赏，并没有十足的自信。然而，我确实做到了不铺陈，不夸饰，字字有其来历，句句有其依据；对于阳明学的阐述，亦悉皆本于自身的真实体认，不臆测，不妄言，但有体认不及之处，则遵循孔子之教，“知之为知之，不知为不知”，阙而不论。

本书所述主要依据钱绪山《阳明先生年谱》（简称《年谱》），并参考黄久庵（绾）《阳明先生行状》（简称《行状》）。经今人考证，绪山、久庵所述或有些许不确之处。然而，细读今人的诸多考证，往往单凭一两句话妄自臆测，自以为是，反而益发不可信。且绪山、久庵皆与阳明有着极为亲密的接触，撰述《年谱》与《行状》时又极其慎重严谨，故而，除非特别明显的错误，则一律遵循他们所述。当然，今人的考证也有补阙挂漏的意义，尤其是束景南先生，呕心沥血，查阅了大量相关资料，爬梳出一些不为前人所知的细节，对于必要之处，笔者也一一作了采纳。

研究前贤，讲述前贤的故事，无非是为了激发读者去读他们的文字，以他们为生命的榜样，立志成圣成贤。这本小书自然也是如此。

2024年仲秋，逝夫于射阳浮海草堂生生书房。2025年孟夏，改定于淮滨无得草堂。

目　录
CONTENTS

第一章　天赋诗才

一、神人授受

明成化八年（1472）九月三十日，阳明出生于莫氏楼。据《年谱》，阳明出生，有着两个异象：一、母亲郑氏怀孕十四个月，阳明方才出生；二、阳明出生时，“祖母岑梦神人衣绯玉云中鼓吹，送儿授岑，岑警寤，已闻啼声”。岑氏将这个梦告诉了阳明的祖父竹轩公王伦，竹轩公颇感惊异，便据梦境——神人乘云相授而为这个孩子起名为云。渐渐地，乡人们也知道了这个梦，称阳明出生的莫氏楼为瑞云楼。

阳明出生之前，父亲王华曾数番参加乡试，可惜悉皆落榜。为了谋求生计，从县学肄业之后，王华便为人聘为塾师，常年离家在外，阳明出生之后，依然如此，幼年的阳明便主要靠母亲郑氏照料，启蒙教育则由祖父竹轩公负责。据神人授受的故事，阳明乃是天降神童，可是，这个神童竟然一直到五岁也不曾开口说话，然而，一开口就展现出他的天才：

> 先生五岁不言。一日，与群儿嬉，有神僧过之，曰："好个孩儿，可惜道破。"竹轩公悟，更今名，即能言。一日，诵竹轩公所尝读过书，讶问之，曰："闻祖读时已默记矣。"（《年谱》）

阳明五岁不言，竟然是因为竹轩公为他取名为云，泄露了天机。于是，竹轩公随即为他改名守仁，字伯安。"守仁""伯安"皆本于《论语》："守仁"出于"知及之，仁不能守之，虽得之，必失之"（《卫灵公第十五》）。"伯"，指排行老大。"安"则为"安仁"之意："仁者安仁，知者利仁"（《里仁第四》）。唯有守仁，方能安仁。守仁是工夫，安仁是归终。竹轩公的意思很显然，希望阳明成为守仁而安仁的贤圣。说来也怪，改了个名字，小阳明随即便能开口说话，并且很快展现出惊人的一面：口诵祖父曾经读过的书。由此可见，在五岁之前，虽然小阳明还未曾开口说话，但他的智识早已开启。

二、少年诗才

阳明生而天赋卓绝，开智甚早，少年时期，便已具足了出色的诗才。当然，这离不开祖父的熏陶和父亲的悉心教导。

祖父王伦生性爱竹，在书房四周种上了茂密的修竹，日日啸吟于篁林之间，有朋友来访，就会指着修竹说："此吾直、谅、多闻之友，何可一日相舍耶？"自号"竹轩"。竹轩公"雅善鼓琴，每风月清朗，则焚香操弄数曲。弄罢，复歌以诗词，而使子弟和之。识者谓其胸次洒落，方之陶靖节、林和靖，无不及焉"（魏瀚《竹轩先生传》）。由此可知，竹轩公平常喜欢吟诵诗词，小阳明在潜移默化之中受到了影响。

成化十三年（1477），为了参加新一届的乡试，王华返回家中，回家后，一边备考，一边教导小阳明。遗憾的是，王华再次落榜，而阳明已经六岁，到了应该学习的年龄，加之时近年关，王华索性不再外出，在家教导小阳明与一干王氏子弟。次年，王华继续外出任塾师，便将小阳明带在身边，悉心教导。

在竹轩公的熏陶与父亲的教导下，小阳明很快学会了写诗作文。据说，阳明八岁那年，王华到海盐任塾师，携小阳明寄居在资圣寺。寺中有古杏花楼，楼壁上有前人题诗，小阳明看到后，便也题了一首《资圣寺杏花楼》：

东风日日杏花开，春雪多情故换胎。
素质翻疑同苦李，淡妆新解学寒梅。
心成铁石还谁赋，冻合青枝亦任猜。
迷却晚来沽酒处，午桥真讶灞桥回。

后来，在离开资圣寺的途中，小阳明又作了一首《寓资圣僧房》：

落日平堤海气黄，短亭衰柳舣孤航。
鱼虾入市乘潮晚，鼓角收城返棹忙。
人世道缘逢郡博，客途归梦借僧房。
一年几度频留此，他日重来是故乡。

而在十一岁那年，途径金山时，阳明的少年诗才更是惊艳了众人。成化十六年（1480），王华再次参加乡试，这一次他发挥出色，考取了第二名。次年春天，王华奔赴京城参加会试，竟然一举高中状元。三月二十四日，王华被授为翰林院编修，从此踏上仕途。成化十八年（1482）春，王华迎养竹轩公，竹轩公携少年阳明一起前往京城。途径镇江金山之时，身为状元之父的竹轩公受到一群文人墨客的热情接待，酒足饭饱之后，众人登上金山，吟诗唱和。在众人还在思量之时，年方十一岁的状元之子已经在一旁即兴口占了一首《金山寺》：

金山一点大如拳，打破维扬水底天。
醉倚妙高台上月，玉箫吹彻洞龙眠。

众人十分惊异，便又指着眼前的蔽月山房，让他再赋诗一首，少年阳明随口吟出：

山近月远觉月小，便道此山大于月。
若人有眼大于天，还见山小月更阔。(《蔽月山房》)

当时便有座中客对竹轩公说："令孙声口，俱不落凡。想他日定当以文章名天下。"

三、驰骋诗坛

到了京师，王华便命阳明到塾馆受教，学习举业。弘治元年（1488），阳明赴洪都与诸夫人完婚。次年冬，竹轩公病重，阳明自江西返越，随后入余姚县学就读。弘治五年（1492），阳明参加乡试，一举高中。当年冬天，阳明奔赴京师，准备参加来年的会试。弘治六年（1493）二月，阳明参加了会试，很遗憾，落榜了。落榜之时，他的诗才又一次得到了展示：

> 明年春，会试下第，缙绅知者咸来慰谕。宰相李西涯戏曰："汝今岁不第，来科必为状元，试作《来科状元赋》。"先生悬笔立就，诸老惊曰："天才！天才！"退有忌者曰："此子取上第，目中无我辈矣。"（《年谱》）

弘治六年闰五月，为竹轩公守丧的王华服阕，朝廷擢其为右春坊右谕德，充经筵讲官。秋九月，王华携下第的阳明赴京供职，到了京师，阳明进了太学，成了太学生。三年的太学时期，阳明在学习举业之余，与一帮同学沉湎于词章之学，交游唱酬。用他自己的话来说，便是"当是时，予方驰骛于举业词章，以相矜高为事"（《程守夫墓碑》）。当时与阳明交游唱酬亲密者，主要有程文楷（即程守夫）、林庭棉、王寅之、刘景素等。弘治七年（1494）夏日，暑热异常，阳明曾作《毒热有怀，用少陵〈执热怀李尚书〉韵寄年兄程守夫吟伯》一诗，堪称他在这一时期的代表诗作：

晓来梅雨望沾凌，坐久红炉天地蒸。
幽朔多寒还酷热，清虚无语漫飞升。
此时头羡千茎雪，何处身倚百丈冰?
且欲泠然从御寇，海桴吾道未须乘。

弘治九年（1496）二月，阳明再次参加会试，因为三年前作《来科状元赋》为人所忌，此番会试，忌者便从中作梗，以致阳明再次落榜。面对落榜，阳明坦然处之，“及丙辰会试，果为忌者所抑。同舍有以不第为耻者，先生慰之曰：‘世以不得第为耻，吾以不得第动心为耻。’识者服之”。此番会试落第，使得阳明一时沉湎于词章，诗才得到极大的抒发，“归余姚，结诗社龙泉山寺。致仕方伯魏瀚平时以雄才自放，与先生登龙山，对弈联诗，有佳句辄为先生得之，乃谢曰：‘老夫当退数舍’”（《年谱》）。

弘治十二年（1499）二月，阳明又一次参加会试，取得了会试第二名的好成绩。廷试时，阳明被评定为二甲进士第六名。随后，朝廷命他观政工部。自此，阳明摆脱了科业的束缚，益发沉湎于词章之学，“与太原乔宇，广信汪俊，河南李梦阳、何景明，姑苏顾璘、徐祯卿，山东边贡诸公以才名争驰骋，学古诗文”（《行状》），一时间，成为弘治诗坛上的一位活跃人物，李梦阳记述弘治诗坛唱和盛况之时，余姚王伯安赫然在列（《空同集》）。

弘治十三年（1500）六月，阳明结束观政工部的试事期，改授刑部云南清吏司主事。到刑部任职之后，阳明很快成为"西翰林"名士中的重要一员："一时，主事王守仁、潘某、郑某，皆名士也，讲学论文，或至分夜，当时或称'西翰林'云。"（韩邦奇《都察院右都御史赠工部尚书静斋陈公凤梧传》）作为名士，诗文唱和自然是免不了的，如李梦阳的业师李源擢升刑部郎中之时，阳明便曾与李梦阳有过一番唱和，其诗曰：

懒爱官闲不计升，解嘲还计昔人曾。
沉迷簿领今应免，料理诗篇老更能。
未许少陵夸吏隐，真同摩诘作禅僧。
龙渊且复三冬蛰，鹏翼终当万里腾。（《奉和宗一高韵》）

此时，阳明所期待的还是"料理诗篇老更能"。

弘治十四年（1501），阳明奉命审录江北，事竣之后，他游了九华。次年，又游了茅山。返归时，在扬州生了三个月的病，阳明就此开始反省，感到如此"以才名争驰骋"实在无益于生命，感叹道："吾焉能以有限精神为无用之虚文也！"（《年谱》）于是，回到京师后随即上了《乞养病疏》，乞求返乡养病，得到了朝廷的应允，八月下旬，阳明离开京师返归余姚。

四、诗以载道

弘治十七年（1504），阳明重回京师，此时的京师，才子名士聚集，所谓的“前七子”“弘治十才子”“金陵四大家”“江东三才子”等齐聚京师，形成了一股声势浩大的文学复古运动，阳明的诗情迅速被激发，再次燃烧起来，他与诸才子名士结成诗社，组织并参与了种种诗会。诚如赵半江（宽）所说，此时的阳明“已觉沉酣皆道气，独难驱逐是诗魔”（《和王伯安二首》）。但是，词章之学终究与生命关系不大，故而，阳明的此番诗情来得快，去得也快，一转而“有志于心性之学”，诗社同仁纷纷为他放弃词章之学而深感惋惜，甚或斥之为“志之无恒”者，却不知他已然不屑于再去做文人、诗人了。后来，门人王龙溪（畿）翔实地记述了阳明的这一转变：

> 弘、正间，京师倡为词章之学，李、何擅其宗，阳明先师结为诗社，更相倡和，风动一时。炼意绘辞，寝登述作之坛，几入其髓。既而翻然悔之：“以有限之精

神，弊于无益之空谈，何异隋珠弹雀，其昧于轻重亦甚矣！纵欲立言为不朽之业，等而上之，更当有自立处，大丈夫出世一番，岂应泯泯若是而已乎？”社中人相与惜之：“阳明子业几有成，中道而弃去，可谓志之无恒也。”先师闻而笑曰：“诸君自以为有志矣。使学如韩、柳，不过为文人；辞如李、杜，不过为诗人。果有志于心性之学，以颜、闵为期，当与共事，图为第一等德业。譬诸日月终古常见，而景像常新。就论立言，亦须一一从圆明窍中流出，盖天盖地，始是大丈夫所为。傍人门户，比量揣拟，皆小技也。善《易》者不论《易》，诗到无言，始为诗之至。”（《王畿集》卷十六《曾舜徵别言》）

当然，诗文本是表达情感与传播学术思想的主要方式，所以，阳明并没有放弃诗文，只是不再为“无用之虚文”，不再去“以才名争驰骋”。事实上，阳明后来写下了大量的诗文。据统计，他的传世诗作便多达八百多首。因其诗作皆为生平经历的陈述、情感的表达，以及其学术思想的阐发，故而，颇有研究意义。研读阳明诗作，常常有助于理解其学问。例如《咏良知四首示诸生》：

个个人心有仲尼，自将闻见苦遮迷。
而今指与真头面，只是良知更莫疑。

问君何事日憧憧，烦恼场中错用功。
莫道圣门无口诀，良知两字是参同。

人人自有定盘针，万化根源总在心。
却笑从前颠倒见，枝枝叶叶外头寻。

无声无臭独知时，此是乾坤万有基。
抛却自家无尽藏，沿门持钵效贫儿。

又例如《答人问良知二首》：

良知即是独知时，此知之外更无知。
谁人不有良知在，知得良知却是谁？

知得良知却是谁？自家痛痒自家知。
若将痛痒从人问，痛痒何须更问为？

这样的诗作对于理解阳明良知之教有着不可或缺的价值

与意义，颇有几分诗以载道的意味。为了表达学问思想，阳明的诗作往往直抒胸臆，不事修饰，足以称得上返璞归真。笔者在读阳明的一些诗作时，常常会情不自禁地想及康节先生（邵雍）与白沙先生（陈献章）的诸多诗作。因为表达义理过于直白，阳明的诸多诗作往往被人讥讽为教谕体，进而遭到忽视。亦因为此，直到今日，学界对于阳明诗作的关注仍旧远远不够，除了钱穆先生在《理学六家诗钞》中有过选录，蔡仁厚先生在《王阳明哲学》中曾选释十首，以及今人李庆所撰的《王阳明诗校注》、华建新所著的《王阳明诗歌研究》外，罕见研究者，与今天阳明学的热闹程度极不匹配。而阳明诗作中隐含着阳明的情感历程、学问进益与思想转变，其价值又是其他文献所无法替代的，故而，期待有学人对阳明诗作做出更为深入细致的研究。

第二章　留情武学

一、慨然少年

与一般的才子名士不同，阳明生性豪迈，志气高远，不但喜好吟诗作文，对于文治武功也颇为措心，少年时便“慨然有经略四方之志”，希望能够成就一番丰功伟业。而当时的朝政动荡不安，边寇入侵，内乱四起，征讨边寇、平息内乱，无疑是建功立业的最佳途径，故而，阳明于武学极为关注，曾有多番研学。

少年阳明豪情万丈，放逸不羁，喜好骑马射箭，颇有几分仗剑走天涯的任侠之风。当然，他更想成为战功赫赫的将帅。

先生出游居庸三关，即慨然有经略四方之志。询诸夷种落，悉闻备御策，逐胡儿骑射，胡人不敢犯。经月始返。一日，梦谒伏波将军庙，赋诗曰：“卷甲归来马伏波，早年兵法鬓毛皤；云埋铜柱雷轰折，六字题文尚不磨。”时畿内石英、王勇盗起，又闻秦中石和尚、刘千斤作乱，屡欲为书献于朝。龙山公斥之为狂，乃止。（《年谱》）

这是成化二十二年（1486）间事，阳明方才十五岁。伏波将军，即马援，东汉初年名将，一生戎马，身经百战，曾立下平定陇西羌乱、安定岭南、北击乌桓等战功，终而逝于军中，实现了马革裹尸而还的愿望。曾任伏波将军，故人称马伏波。少年明阳以马伏波为榜样，希望自己也能够成为一名战功显赫的将领。日有所思，夜有所梦，故而，“一日，梦谒伏波将军庙”，且于梦中赋诗一首：

卷甲归来马伏波，早年兵法鬓毛皤。
云埋铜柱雷轰折，六字题文尚不磨。

阳明晚年平定思恩、田州之乱，剿灭八寨沟、断藤峡之贼，返归途中，经过横州时，曾拜谒伏波将军庙，庙中情景竟然与少时梦中一般，亦可谓奇缘。

据《年谱》，阳明不但只身到关外考察边情，还曾“屡欲为书献于朝”，只是为父亲所阻止。龙山公，即王华，王华早年曾在龙泉山苦读，学者称龙山先生。由此可见，阳明在少年之时便已有治国安邦的豪情壮志，真可谓豪杰之士。少年阳明的豪迈，令人不禁想及列为北宋五子之一的横渠先生（张载）。横渠“少孤自立，无所不学。与邠人焦寅游，寅喜谈兵，先生说其言。当康定用兵，时年十八，慨然以功名自许，上书谒范文正公。公一见，知其远器，欲成就之，乃责之曰：‘儒者自有名教，何事于兵？’因劝读《中庸》”（吕大临《横渠先生行状》）。

二、遍读兵书

弘治十年（1497），阳明曾一度精研兵法，《年谱》作了如下记述：

> 是年，先生学兵法。当时边报甚急，朝廷推举将才，莫不遑遽。先生念武举之设，仅得骑射搏击之士，而不能收韬略统驭之才。于是留情武事，凡兵家秘书，莫不精究。每遇宾宴，尝聚果核列阵势为戏。

阳明之所以在这一年专心研习武学、精读兵书，应当与去岁会考遭忌者从中作梗，再度落榜有关。会考落榜，导致阳明一时出仕无望，加之当时边关告急，朝廷又无可以领军御寇的将才，故而，阳明返越之后，益发关注武事与兵法。由此可见，阳明留情武事，精研兵书，是希望能够在武功上有所建树，走出一条别样的仕途之路。据说，《武经七书评》就是阳明这一时期研读兵书的批语与笔记。只是阳明并没有得到报国的机会，只能继续通过参加会考寻找机遇。

三、《陈言边务疏》

弘治十二年（1499），阳明第三次参加会考，高中进士，被朝廷命为观政工部。他也终于有了可以直接向朝廷建言的资格。适好此时边患空前紧张，边寇频频来侵，于是，阳明再次出关考察，回来之后，上了生平的第一篇奏疏——《陈言边务疏》。该疏先是指出朝政之患，“今之大患，在于为大臣者外托慎重老成之名，而内为固禄希宠之计；为左右者内挟交蟠蔽壅之资，而外肆招权纳贿之恶。习以成俗，互相为奸。忧世者谓之迂狂，进言者目以浮躁，沮抑正大刚直之气，而养成怯懦因循之风。故其衰耗颓塌，将至于不可支持而不自觉”，随后陈述了“便宜八事”：

一曰蓄材以备急，二曰舍短以用长，三曰简师以省费，四曰屯田以足食，五曰行法以振威，六曰敷恩以激怒，七曰捐小以全大，八曰严守以乘弊。

阳明对八事一一作了翔实阐述，有理有据。该疏虽然名为《陈言边务疏》，其实是一篇克敌制胜的军事谋略文书，乃是阳明常年研习武学、精读兵书的心得体会。阳明谦虚地说："右臣所陈，非有奇特出人之见，固皆兵家之常谈，今之为将者之所共见也。"既然是常谈，为何还要提出来？据其所述，乃是因为"今边关将帅，虽或知之而不能行，类皆视为常谈，漫不加省。势有所轶，则委于无可奈何；事惮烦难，则为因循苟且。是以玩习弛废，一至于此"。

疏文的最后，阳明恳请"陛下不忽其微，乞敕兵部将臣所奏熟议可否，传行提督等官，即为斟酌施行。毋使视为虚文，务欲责以实效，庶于军机必有少补"，最终却或因为彼时的阳明人微言轻，或因为朝廷认为阳明之所陈者于事无补，甚或朝中有人视阳明此举为轻狂浮躁，终归是疏上之后，如同石沉大海，没有任何回应。后来，阳明曾谈及自己的这番首次上疏，自觉当时"学问未透"："是疏所陈，亦有可用。但当时学问未透，中心激忿抗厉之气。若此气未除，欲与天下共事，恐事未必有济。"（钱德洪《刻文录叙说》）

四、督造威宁伯墓

朝廷对阳明所上《陈言边务疏》置之不理，却于八月命他赶赴浚县，督造威宁伯王越之墓，这就给了阳明一次实践统御兵士、演练兵法的机会。

王越，明成化、弘治年间名将，一生身经十余战，出奇取胜，动有成算。曾数番镇守边关，多次击破、远袭鞑靼，因军功获封威宁伯，逝于弘治十一年。与马援一样，王越也是阳明在武功方面的榜样，他也曾梦及王越，梦中，王越赠他以宝剑。为榜样造墓，阳明自然极其用心。《年谱》称其“督造威宁伯王越坟，驭役夫以什伍法，休食以时，暇即驱演八阵图”。所谓什伍法，是古时军队的作战编制，士卒五人为一伍，十人为一什，以便于指挥。所谓八阵图，当是《孙子兵法》中所说的八阵战法，阳明熟读兵书，应该了然于胸。由此可知，阳明完全将此次督造威宁伯墓视作为一次军事实践。由于采取了军事化管理，工作进展得非常顺利，威宁伯的家人也很是满意，“以金帛谢”阳明，阳明不受，进而“乃出威宁所佩宝剑为赠”，此则与梦中情节相符，阳明“遂受之”。

督造威宁伯墓，让朝廷看到了阳明的能力，于是，改授他为刑部云南清吏主事。

自少年时起，阳明便已留情武学，研习兵法，又曾评述《武经七书》，他的军事才华在当时应该广为人知。谪居龙场之时，宋氏酋长阿贾、阿札发动叛乱，阳明便曾受水西宣尉官安贵荣等人之邀，商讨如何平息叛乱。后来，江西盗贼日炽，兵部尚书王琼举荐阳明为左佥都御史，巡抚南、赣、汀、漳，前去讨寇，皆当与此有关。只是今人论述阳明荡平诸寇、平定宸濠之乱，悉皆归功于他早年研习武学、精究兵法，恐是臆测之说。其实，对于阳明而言，在荡平诸寇、平定叛乱的过程中，武学、兵法并不是第一位的，学问才是第一位的。若是学问不及，纵然是饱读兵书、熟知兵法，恐怕也难以荡寇平乱。反之，若是学问到家，在遭遇匪寇、面对叛乱之时，自然就会以良知为本，采取最佳的策略去荡寇平乱，这一点在阳明应对宸濠之叛时尤为清晰。

第三章　出入佛老

一、皆归释氏矣

自东汉时期，佛教传入我国后，佛门中人便积极借用儒道两家的名相译述佛典，传播教义，形成了中国特色的佛教，就此融入中华文化，并产生了多个中国特色的宗门，如天台宗、净土宗、禅宗等。尤其是禅宗，自六祖惠能大阐顿法于世，唐宋之际，士大夫阶层对于参禅悟道趋之若鹜，文人骚客纷纷以佛门居士自居。无怪乎张方平感叹道："儒门淡薄，收拾不住，皆归释氏矣！"（陈善《扪虱新话》）当然，这也与佛门中人擅于运用阳儒阴释、暗度陈仓的"策略"有关：

> 张公（张九成）始学于龟山之门，而逃儒以归于释，既自以为有得矣，而其释之师语之曰："左右既得欛柄

入手，开导之际，当改头换面，随宜说法，使殊途同归，则世出、世间两无遗恨矣。然此语亦不可使俗辈知，将谓实有恁么事也。”（见大慧禅师《与张侍郎书》。今不见于《语录》中，盖其徒讳之也）用此之故，凡张氏所论著，皆阳儒而阴释。其离合出入之际，务在愚一世之耳目，而使之恬不觉悟，以入乎释氏之门，虽欲复出而不可得。本末指意，略如其所受于师者。（朱熹《杂学辨・张无垢中庸解》）

其实，自从传入我国，如此阳儒阴释的“策略”在佛门便从未断过，以至于儒者悉皆以为成圣之学要在开悟，而“开悟之说，不出于禅”（朱子早年语）。正因为此，宋明儒者大多有着出入佛老的经历，如明道（程颢）、横渠（张载）、朱子（熹）、南轩（张栻）等。阳明自然也不例外。又因为生来体格较弱，阳明对于道家的养生之术也颇感兴趣，曾多番修学。

二、失踪的新郎

阳明最早接触佛老，应当是在成化十五年（1479）春天，那时他才八岁，跟随父亲王华到了海盐，寓居在资圣寺，住在僧房之中，或多或少会受到一些佛家的影响。后来，阳明曾多次说自己沉溺佛老三十余年，应当就是从此时算起的。

早年的阳明，对于佛老极为痴迷，尤其是养生之说。有一事可以为证：结婚当天，他无意间走进了铁柱宫，与宫中的一位道士讨论养生修炼之方，竟然将新娘冷落在洞房中，终夜不归。洞房之夜，新郎却不见了，岳父诸让赶紧派人寻找，找了一夜，也没有找到人，直到次日清晨，阳明方才自行返归。

说起阳明的这桩婚事，也颇有意思。岳父诸让与阳明父亲王华是旧识，关系颇好。成化十九年（1483），诸让任吏部郎中，主考京师，前来拜会王华。当时，十二岁的小阳明正在嬉闹，被诸让一眼看中，当场便与王华约定要将自己的女儿嫁给阳明。不得不说，诸让的眼光很是独到。到了弘治元年，也是诸让写信前来招亲。在王华的催促下，阳明只身一人前往洪都，与诸夫人完婚。

岳父诸让对阳明极为偏爱，阳明十三岁那年，生母去世，诸让闻讯后，特意致书劝慰阳明。弘治六年，阳明会试落第，诸让则鼓励他说“屯蹇屈辱，玉汝于成”。弘治八年（1495）正月，诸让病逝，阳明曾写有一篇沉痛的《祭外舅介庵先生文》，追述了诸让对他的种种关爱。

三、阳明洞中静修

阳明曾两番集中修习佛老。一次是弘治九年会试下第，阳明返归余姚期间。据束景南考证，返归途中，阳明曾在南都朝天宫拜访过一位尹真人，学习了“真空炼形”修道之法。回到余姚之后，阳明主要干了两件事：

一件是移家绍兴；移家绍兴主要是王华的想法，王华自认是书圣王羲之之后，一直想要移居至书圣故居之地。适好此时老友佟珍擢升绍兴知府，为移家绍兴提供了方便。于是，他便命阳明操办这件事。阳明返归后，曾先后数次到绍兴寻访书圣故居，无果，最终决定搬至东光相坊。据说，曾有书圣后裔在东光相坊居住，还留下了王氏旧第。移居东光相坊，也可以表明与书圣乃为一脉。

另一件事便是到会稽山寻访阳明洞，筑室其中，一心修习“真空炼形”养生之方。此时已是弘治十一年（1498），阳明二十七岁。

> 是年，先生谈养生。先生自念辞章艺能不足以通至道，求师友于天下又不数遇，心持惶惑。一日，读晦翁上宋光宗疏，有曰：“居敬持志，为读书之本；循序致精，为读书之法。”乃悔前日探讨虽博，而未尝循序以致精，

> 宜无所得；又循其序，思得渐渍洽浃，然物理、吾心终若判而为二也。沉郁既久，旧疾复作，益委圣贤有分。偶闻道士谈养生，遂有遗世入山之意。(《年谱》)

晦翁，即朱子。阳明归越之后，先是学习朱子之学，仍然不相契，反而引发旧疾，益发觉得自己做不了圣贤，这才“遗世入山”修习养生之方的。由于要参加来年的会试，当年年底，阳明便再次奔赴京都，准备应试，故而，此番修习的时间并不甚长，也没有获得什么特别的体验。

另一次则是弘治十五年（1502）秋冬。弘治十四年（1501），阳明任云南清吏司主事，奉命审录江北，责任是审决重囚，平反冤狱。因为他持论中正，“录囚多所平反”。事务处理完毕，阳明游历了九华山与茅山。

在九华山，阳明遇到了道者蔡蓬头，由于道缘不足，虽然再三请问，蔡蓬头也只是笑而不答。阳明又曾攀上危岩寻访地藏洞异人，异人为之“论最上乘”，说：“周濂溪、程明道是儒家两个好秀才。”（《年谱》）

阳明游九华山，投宿在诸寺院，自然免不了与诸高僧大德相与讨论佛学，吟诗唱和。如借宿化城寺时，他曾作有《化城寺六首》，其三曰：

云端鼓角落星斗，松顶袈裟散雨花。
一百六峰开碧汉，八十四梯踏紫霞。
山空仙骨葬金椁，春暖石芝抽玉芽。
独挥谈麈拂烟雾，一笑天地真无涯。

尚有极浓的方外人士气息。

弘治十五年二月，阳明到达镇江，在汤礼敬的陪同下寻访了茅山。礼敬乃是好道之人，留意神仙之学，为阳明“谈呼吸屈伸之术，凝神化气之道”（《寿汤云谷序》）。在茅山，阳明也是诗情泛滥，写了多首诗，如《蓬莱方丈偶书》：

兴剧夜无寐，中宵问雨晴。
水风惊鏊驟，岩日映窗明。
石窦窥涧黑，云梯上水清。
福庭真可住，尘土奈浮生。

仙屋烟飞外，青罗隔世哗。
茶分龙井水，饭带玉田砂。
香细岚光杂，窗虚峰影遮。
空林无一事，尽日卧丹霞。

三月，阳明北归，行至扬州，因为长时间的车马劳顿，竟然生了一场大病，滞留扬州三月之久。这次生病，引发了阳明对生死的感悟，对养生之道益发关注，并且深感词章之学为“无用之虚文”。于是，回京复命之后，他便随即上了《乞养病疏》。回到绍兴，阳明立即前去清理废置数年的阳明洞，而后在其中静修。此番修习，因为有着急切的内在诉求，并且时间较长，阳明颇有收获。据说，他已修到了可以未卜先知的境地：

> 遂告病归越，筑室阳明洞中，行导引术，久之，遂先知。一日，坐洞中，友人王思舆等四人来访，方出五云门，先生即命仆迎之，且历语其来迹。仆遇诸途，与语良合。众惊异，以为得道。久之，悟曰：“此簸弄精神，非道也。”又屏去。（《年谱》）

后来，阳明还曾与门人王龙溪讲述过自己的修静体验：

> （师）乃始究心于老、佛之学，缘洞天精庐，日夕勤修，炼习伏藏，洞悉机要，其于彼家所谓“见性”“抱一”之旨，非惟通其义，盖已得其髓矣。自谓：“尝于静中，内照形躯如水晶宫，忘己忘物，忘天忘地，与空虚

同体，光耀神奇，恍惚变幻，似欲言而忘其所以言，乃真境象也。”（《王畿集》卷二《滁阳会语》）

阳明自谓所得境界为佛老的“真境象”，其实不然。于佛法修证而言，如此之境乃为大光明境，是顿悟空性之时的体验，至多只能算是入了佛法之门而已。当然，此是另一层面事，此不赘述。

四、渐悟仙、释之非

前面说过，唐宋以来，禅风大兴，士人皆以参禅悟道为入圣之方，阳明也是如此。故而，在早年的阳明看来，佛老也是圣人之学，也是成圣之道，甚至一度觉得佛老之学优于儒学：

守仁蚤岁业举，溺志辞章之习。既乃稍知从事正学，而苦于众说之纷挠疲痛，茫无可入，因求诸老、释，欣然有会于心，以为圣人之学在此矣！（《朱子晚年定论序》）

吾亦自幼笃志二氏，自谓既有所得，谓儒者为不足学。（《传习录上》）

后来，尽管阳明于儒学有所体悟，“渐悟仙、释之非”而归宗于儒。可是，真正勘破并彻底放下佛老，已经是龙场悟道之后的事了：

> 其后谪官龙场，居夷处困，动心忍性之余，恍若有悟。体验探求，再更寒暑，证诸六经、四子，沛然若决江河而放之海也。然后叹圣人之道坦如大路。（《朱子晚年定论序》）
>
> 其后居夷三载，见得圣人之学若是其简易广大，始自叹悔错用了三十年气力。大抵二氏之学，其妙与圣人只有毫厘之间。（《传习录上》）

而使得阳明“渐悟仙、释之非”的，乃是他的一念孝思。详述见下章。

第四章 归于圣学

一、三溺

圣学，即成圣之学，也就是儒学。缘于阳明早年兴趣广泛，加之其性情豪迈，往往急于求成，故而，在归于圣学的道路上并不顺畅，且时不时会受到诱惑，走上歧途。甘泉先生（湛若水）称阳明早年有过“五溺”：

> 初溺于任侠之习，再溺于骑射之习，三溺于辞章之习，四溺于神仙之习，五溺于佛氏之习。正德丙寅，始归正于圣贤之学。（《墓志铭》）

甘泉称任侠、骑射、辞章、神仙、佛氏五者为阳明早年的“五溺”，其实不甚妥当。首先，他没有提及阳明早年曾溺于武学；其次，神仙、佛氏二者似不必分述；再次，任侠、骑射实为阳明豪迈的性情使然，不足以称作为溺。故而，笔者在《致良知——王阳明修身六讲》中指出阳明早年所走的弯路，或可概括为“三溺”：一溺于词章之学，二溺于武学，三溺于佛老之学。而今思来，又觉得略有不妥。盖词章、武学本身并无问题，但能以良知为本，皆可成为良知之用，如阳明后来以诗文表述良知之教，以武学荡平诸寇、平定宸濠之乱等。

阳明早年湎于词章之学，留情武学，之所以会影响他归于圣学，是因为那时的他驰骋于词章之学，只是为了赢得虚名；留情武学、研习兵法则是为了迅速建功立业，故知他所溺的，其实是虚名，是功业。若是能够超越虚名与功业，则以诗文载道、以武学拯救百姓于水火之中，诗文、武学又有何伤？至于佛老之学，则是因为阳明生来体弱，对生死较为敏感，而佛氏讲求了生却死，老氏追求长生久视，对于早年的阳明自然会有着巨大的吸引力。加之禅宗注重顿悟，与阳明急切的豪迈性情颇为相契。究其实，诸多儒者参禅悟道，骨子里都有些许急于求成的意味，希望一朝顿悟，立身成圣。却不知于儒者而言，纵然是有所体悟，也只是一个开始，只是个“先立乎其大”，距离成圣成贤尚且远哉！阳明龙场悟道之后，又走了漫长的修身体悟之路，直到晚年，方才渐渐与良知合一，入于贤圣之境，便是明例。当然，更重要的是，释氏阳儒阴佛、瞒天过海，以至于阳明将之也视为成圣之学，故而，沉溺其中。故知，溺于词章之学、武学与佛老之学，只是表象，本质则为溺于虚名、溺于功业、溺于生死之惑。

有了这三溺，归于圣学的道路自然会是迂回曲折的。幸运的是，阳明最终克服了虚名、功业之诱，也摆脱了生死之惑，真可谓豪杰之士。

二、第一等事

阳明是幸运的，在他还是一个懵懂的少年时，便已确立了朦胧的成圣之志。这缘于一次奇遇：

> 一日，与同学生走长安街，遇一相士，异之曰："吾为尔相，后须忆吾言：'须拂领，其时入圣境；须至上丹台，其时结圣胎；须至下丹田，其时圣果圆。'"先生感其言，自后每对书辄静坐凝思。(《年谱》)

少年阳明豪放不羁，常常趁塾师不在，带着同学们外出游玩。不料，一天遇到了一位相士，一番话让他一改往日的野性，从此“每对书辄静坐凝思”。相士的话，无疑激发了少年阳明的“成圣”心愿。后来有一次，少年阳明还曾与塾师讨论过“第一等事”：

> 尝问塾师曰：“何为第一等事？”塾师曰：“惟读书登第耳。”先生疑曰：“登第恐未为第一等事，或读书学圣贤耳。”龙山公闻之，笑曰：“汝欲做圣贤耶？”（同上）

以世俗之见，登第出仕自然是人生第一等事。所谓人生四大喜事，金榜题名便居其一。若是能像王华一般高中状元，那就是喜上加喜，可谓人生至乐。可是，因为相士的激发，少年阳明已萌生了更远大的追求，那就是“读书学圣贤”。然而，在当时的环境下，成圣成贤只是极少数人的追求，故而，即便是状元郎龙山公听闻之后，也只是一笑而已。但是，小阳明是认真的。后来阳明曾自述“某十五六岁时，便有志圣人之道”，可是因为无人教导，只能靠着自身去摸索，终而“于先儒格致之说若无所入，一向姑放下了”（《阳明先生遗言录》）。

三、格竹

弘治元年，阳明到洪都成亲，其后在岳父诸让的官署中学习书法，书艺大进。当年冬天，祖父竹轩公病危，阳明便偕诸氏夫人返归余姚老家。途经广信时，阳明听闻名儒一斋先生（娄谅）居住在此，便停舟登岸，拜谒了这位名儒。一斋乃是康斋先生（吴与弼）的高足，与白沙先生（陈献章）、敬斋先生（胡居仁）为同门。《明儒学案》称其“少有志于圣学，尝求师于四方，夷然不屑曰：‘率举子学，非身心学也。’闻康斋在临川，乃往从之，康斋一见，喜之”；又称之“以收放心为居敬之门，以何思何虑、勿助勿忘为居敬要指”。阳明之所以会去拜谒一斋，自然是缘于他心中那个朦胧的成圣之志。此番拜见，时间当极仓促，然而，一斋还是从容与语“宋儒格物之学”，并对他说“圣人必可学而至”，给了阳明莫大的信心，“遂深契之”（《年谱》）。

阳明是个行动派，听闻一斋讲论“宋儒格物之学”，又说“圣人必可学而至”，一时间，豪气顿发，专意于成圣之学。他研读了朱子关于“格物致知”的论述，并且切实行动起来。然而，这一次，他的成圣之梦破灭了：

> 一日，思先儒谓“众物必有表里精粗，一草一木皆涵至理”，官署中多竹，即取竹格之，沉思其理不得，遂遇疾。先生自委圣贤有分，乃随世就辞章之学。（《年谱》）

这就是著名的格竹事件。关于这一事件的发生时间，众说纷纭。绪山《年谱》将之放在弘治五年（1492），阳明二十一岁那年；束景南《王阳明年谱长编》则将之放在阳明十五岁那年。笔者以为凡事必有其缘由，故而，以为此事应当发生在阳明拜谒一斋之后。受一斋激发，阳明笃信“圣人必可学而至”，于是，“遍求考亭（即朱子）遗书读之”，进而发生格竹事件，应当是在阳明十九岁那年。据阳明自述，当时是两个人一起格竹的，格着格着，两个人都“劳思致疾”了：

> 先生曰：“众人只说格物要依晦翁，何曾把他的说去用！我着实曾用来。初年与钱友同论做圣贤要格天下之物，如今安得这等大的力量。因指亭前竹子令去格看。钱子早夜去穷格竹子的道理，竭其心思，至于三日，便致劳神成疾。当初说他这是精力不足，某因自去穷格，早夜不得其理。到七日，亦以劳思致疾。遂相与叹圣贤是做不得的，无他大力量去格物了。”（《传习录下》）

据门人龙溪所说，阳明正是在格竹失败之后，方才“究心于老、佛之学”的：“及为晦翁格物穷理之学，几至于殒，时苦其烦且难，自叹以为若于圣学无缘，乃始究心于老、佛之学。”(《滁阳会语》)所谓“几至于殒”，应当便是指阳明因格竹而“劳思致疾”。

其实，此时阳明根本没有能够理解朱子“格物致知”的真意。朱子说得何其明确，格物当“即凡天下之物，莫不因其已知之理而益穷之，以求至乎其极”(《大学章句》)，又何曾教人对着一物死死地格去？并且，格物最终要达到物理“无不到”、吾心“无不明”之境：“至于用力之久，而一旦豁然贯通焉，则众物之表里精粗无不到，而吾心之全体大用无不明矣。”(同上)

后来，阳明心有不甘，又曾拜读朱子文集，读至“居敬持志，为读书之本；循序致精，为读书之法”，深悔旧日读书草率，只求广博而不求精细，于是“又循其序”去读书，这番读书略有长进，“思得渐渍洽浃”，可是“物理、吾心终若判而为二”，“沉郁既久，旧疾复作，益委圣贤有分”。所谓“旧疾复作”的旧疾，当指格竹之时所导致的“劳思致疾”。这番读书，之所以没有受益，主要是由于阳明急于求成。倘若他能够平心静气，笃实地读下去，或许会别开生面。

四、一念孝思

格竹失败，循序读书又不能有真切体悟，阳明自觉与圣贤无分，于是沉湎于佛老之学。自此，他一有机会便走访佛教名山、道家洞天，并寻找时机专心静修。弘治十五年秋，阳明返乡，修静于阳明洞中，取得了一些成效，体验得一些别样境地，比如先知，比如忘己忘物（见上章）。然而，他终究无法忘怀自己的一念孝思：

> ……已而静久，思离世远去，惟祖母岑与龙山公在念，因循未决，久之，又忽悟曰："此念生于孩提，此念可去，是断灭种性矣。"（《年谱》）

孟子曰："人之所不学而能者，其良能也；所不虑而知者，其良知也。孩提之童无不知爱其亲者，及其长也，无不知敬其兄也。亲亲，仁也；敬长，义也。无他，达之天下也。"（《孟子·尽心上》）阳明放不下祖母和父亲，正是由于"所不虑而知"的良知。由此可见，将阳明从佛老之溺中拯救出来的正是他后来一心举扬的良知，只是此时阳明还没有意识到这一点。阳明在静修中体认到这一念孝思是生而具备的种性，切不可去掉，如果连这一念孝思也去掉，那就是"断灭种性"。有此一悟，阳明"渐悟仙、释二氏之非"。在移疾钱塘西湖之后，阳明还曾以这一念孝思指点一位坐关三年之久的禅僧：

> 明年遂移疾钱塘西湖，复思用世。往来南屏、虎跑诸刹，有禅僧坐关三年，不语不视，先生喝之曰：“这和尚，终日口巴巴说甚么？终日眼睁睁看甚么？”僧惊起，即开视对语。先生问其家，对曰：“有母在。”曰：“起念否？”对曰：“不能不起。”先生即指爱亲本性谕之，僧涕泣谢。明日问之，僧已去矣。(《年谱》)

“爱亲”乃是“本性”，是人性分内之所本有的，阳明已经渐渐体悟到良知本有，生而具足。

五、山东之行

弘治十七年（1504）秋，阳明应山东巡按监察御史陆偁所聘，主考山东乡试。山东是孔子之乡，是每一位儒者心中的向往之地，阳明自然也是如此，“况夫子之乡，固其平日所愿一至焉者”（《山东乡试录序》）。到夫子之乡主考乡试，岂能草率？故而，在出发前，阳明精心撰写了乡试程文。在程文中，他指出“老、佛害道，由于圣学不明”（《年谱》），意思很明显：要消除老、佛之害，唯有讲明圣学。可见此时的阳明已然以阐明圣学为己任了。

此次山东乡试极为成功，共录取举人七十五名，为时人评价为“得人最盛”，其中一些人如穆孔晖等后来成了阳明的得意弟子。对于阳明而言，更大的意义则在于趁此机会，往游曲阜阙里，拜谒孔庙、周公庙，并登临泰山，感受“登泰山而小天下”的气象。

阳明拜谒孔庙的诗作没有留存下来，拜谒周公庙时，则默然不语，“我来谒周公，嗒焉默不语；归去展陈篇，《诗》《书》说向汝”（《谒周公庙》）。唯有登临泰山之顶，他的诗情再也抑制不住，一连吟出五首诗，而在《泰山高次王内翰司献韵》中，阳明表达了自己愿继孔门三千弟子之后入于孔子堂奥的渴望：

> 宣尼曳杖，逍遥一去不复来，幽泉呜咽而含悲，群峦拱揖如相送。俯仰宇宙，千载相望，堕山乔岳，尚被其光，峻极配天，无敢颉颃。嗟予瞻眺门墙外，何能仿佛窥室堂？也来攀附摄遗迹，三千之下，不知亦许再拜占未行？

很显然，此次山东之行，对于推动阳明返归于儒起到了巨大作用。

九月下旬，阳明返回京师，朝廷改除其为兵部武选清吏司主事。返京后，在诗文复古运动巨大声势的冲击下，阳明一时诗情爆发，与诸文士才子结社唱和，但是，很快就回到“心性之学”上来，以孔门的颜子、闵子自期。

六、潜心周、程之学

回到“心性之学”之后，阳明遵从九华山地藏洞异人之言——“周濂溪、程明道是儒家两个好秀才”，四处搜集二人著作，潜心研学。

周濂溪，即周敦颐，著有《太极图说》《通书》等，明道、伊川（程颐）二先生十四五岁时，遵父亲程珦之命从学于濂溪，濂溪令他们去寻颜子、仲尼乐处所乐何事，二先生深受启发，后来，“寻孔颜乐处”成了后世所津津乐道的儒门公案。濂溪《太极图说》贯通天人，《通书》以诚为本，作为理学的先驱，可谓有破暗之功，为后世推为理学开山。程明道即大程子程颢，明道疏于撰述，然而，他的《定性书》《识仁篇》等文字，实为后世研学理学不可绕过的重要文本，尤其是他那句“吾学虽有所受，天理二字却是自家体贴出来”（《河南程氏外书》）影响极大。自此而后，体贴天理便成为后世儒者所共同遵循的工夫。明道与其弟伊川二人可谓是理学的建构者，为后世奉为理学宗主。

周、程之学对阳明产生了深刻的影响。濂溪对阳明的影响，在他谪赴龙场及升迁庐陵的途中悉皆拜谒了濂溪祠，并作诗记怀，可窥一斑：

> 木偶相沿恐未真，清辉亦复凛衣巾。
> 簿书曾屑乘田吏，俎豆犹存畏垒民。
> 碧水苍山俱过化，光风霁月自传神。
> 千年私淑心丧后，下拜春祠荐渚蘋。（《萍乡道中谒濂溪祠》）

> 曾向图书识面真，半生长自愧儒巾。
> 斯文久已无先觉，圣世今应有逸民。
> 一自支离乖学术，竞将雕刻费精神。
> 瞻依多少高山意，水漫莲池长绿蘋。（《再过濂溪祠用前韵》）

明道对阳明的影响更是显然。在拜读明道的文字之后，阳明曾拈出明道的话作为座右铭：

> 明道先生曰："人于外物奉身者，事事要好，只有自家一个身与心却不要好。苟得外物好时，却不知道自家身与心已自先不好了也。"

延平先生曰:“默坐澄心,体认天理,若于此有得,思过半矣。”

右程、李二先生之言,予尝书之座右。南濠都君每过,辄诵其言之善,持此纸索予书,予不能书,然有志身心之学,此为朋友者所大愿也,敢不承命?阳明山人余姚王守仁书。(《书明道延平语》)

至于延平之言,实亦本于明道“体贴天理”之教而来。阳明与甘泉相知之后,二人又相约共以明道“仁者浑然与天地万物同体”为论学宗旨,足可见明道对于阳明的影响巨大。

七、志同道合

弘治十八年(1505),也就是阳明返归京师的次年,阳明便已“有志于心性之学”而归于圣学,并且开始招收门人,开坛讲学。针对从学者的状况,阳明“使人先立必为圣人之志”:

是年,先生门人始进。学者溺于词章记诵,不复知有身心之学。先生首倡言之,使人先立必为圣人之志。

闻者渐觉兴起，有愿执贽及门者。至是，专志授徒讲学。（《年谱》）

这应该是本于阳明自身的切实体悟。想当年，他因为相士的一番话，生发朦胧的成圣之志；途径广信时，又得到一斋“圣人必可学而至”之教，成圣之志益发笃定。其后，虽然几经波折，乃至于自叹“若于圣贤无缘”。然而，那个成圣之志始终潜藏在心底，从来没有丢失过。事实上，即便是转学佛、老，阳明也是将佛、老之学视为成圣之道而修学的。正因为此，当他发现佛、老之学无法成圣之后，即便是对于儒学还不甚了了，也还是归宗于儒。简言之，便是圣人之志就像是灯塔，始终在指引着阳明。阳明深知立志的意义，故而，他教人，“使人先立必为圣人之志”。

可是，因为“师友之道久废”，阳明此举无疑引起了别人的侧目，被指为“立异好名”。幸运的是，在此期间，他遇到了甘泉。甘泉，即湛若水，字元明，为白沙高弟，他从白沙之教“静中养出端倪”发展出“日用间随处体认天理”，而为白沙所赞许，“日用间随处体认天理，着此一鞭，何患不得到古人佳处也”（陈献章《与湛民泽书十一》）。弘治十八年春，甘泉参加会试，高中榜眼，被朝廷授为翰林院编修，不久之后，阳明与甘泉在京师相会，一见定交。

甘泉提倡“随处体认天理”，阳明则以延平“默坐澄心，体认天理”为座右铭，加之二人悉皆对明道之学极为倾慕，故而，共以明道遗教为论学宗旨。

> 正德丙寅，始归正于圣贤之学。会甘泉子于京师，语人曰：“守仁从宦三十年，未见此人。”甘泉子语人亦曰：“若水泛观于四方，未见此人。”遂相与定交讲学，一宗程氏“仁者浑然与天地万物同体”之指。(《墓志铭》)

据甘泉之说，阳明于正德丙寅“始归正于圣贤之学”，恐怕并不甚准确。然而，可以很确切地说，甘泉出现在阳明的生命之中后，阳明的成圣之志方才笃实无疑，此则据阳明自述可知：

> 顾一二同志之外，莫予翼也，岌岌乎仆而后兴。晚得友于甘泉湛子，而后吾之志益坚，毅然若不可遏，则予之资于甘泉多矣。(《别湛甘泉序》)

这也是很自然的事。在未遇甘泉之前，阳明虽已致力于心性之学，以阐明圣学为己任，然而总有踽踽独行之感，心中难免忐忑，甘泉出现之后，二人志同道合，相与切磋，相互扶持，阳明之志自然“益坚”而“毅然若不可遏”。

阳明归于圣学的过程或可概括为从立志到志立。从最初受相士激发，立下朦胧的成圣之志；其后，经由一斋之教，相信“圣人必可学而至”，其间虽因格竹事件而认为“圣贤有分”，但是，成圣之志并不曾湮灭，后来在静修中，因一念孝思而渐悟佛、老之非；又因主考山东乡试，拜谒孔庙、周公庙，登临泰山，圣人之志渐渐立定；终而在京师与甘泉相遇，受之鼓舞，圣人之志方才确立无疑。

当然，立定成圣之志只是踏上儒门心性之学的开始，尚未入得圣学之门，真要入得圣学之门，则在于“先立乎其大”，于阳明而言，则有待于龙场之悟。

第五章　龙场悟道

一、执义上疏

弘治十八年（1505）五月七日，孝宗崩，十八日，年仅十五岁的朱厚照继位，是为武宗。武宗独断专横，荒淫顽劣，极度宠信阉佞之徒，时有刘瑾、马永成、谷大用、张永、罗祥、丘聚、魏彬、高凤八大权阉，人称“八虎”。“八虎”弄权朝政，嚣张跋扈。正德元年（1506）九月，户部尚书韩文痛心疾首，拍案而起，在与李东阳、刘健、谢迁三大阁老商量之后，毅然率领群臣上奏弹劾“八虎”。奏章中斥责“八虎”“蛊惑君上，以便己行私”，并“伏望陛下奋刚断、割私爱，上告两宫，下谕百僚，将马永成等拿送法司，明正典刑”（《李梦阳集校笺》卷四十《代劾宦官状疏》）。疏上，适得其反，韩文、刘健、谢迁悉皆被斥，致仕罢归，“八虎”反而各各荣登要地。十月下旬，南京科道官戴铣、牧相，御史薄彦徽、蒋钦等人连章上疏，奏留刘健、谢迁，弹劾太监高凤，并疏刘瑾不法之事数十件。奏章认为“元老不可去，宦竖不可任”，希望武宗“斥权阉，正国法，留保辅，托大臣，以安社稷”。此番上疏的结果更加糟糕，武宗竟以忤旨之罪，下旨将戴铣、牧相等十八人捉拿械系送至京师，下锦衣狱。戴铣最终竟因廷杖而卒。时任兵部武选清吏司主事的阳明据义上疏，救援戴铣等人。阳明之疏，并没有将矛头指向“八虎”，而是就事论事，乞求武宗宽宥谏官，言辞也并不过激。可是，此时朝政完全为刘瑾等人所掌控，此诸人等恨不得将朝中忠良之士一网打尽，阳明此举，无疑是自投罗网。于是，“疏入，亦下诏狱”（《年谱》）。

相传文王被纣王囚禁在羑里之时，演《易》不绝，编定了六十四卦的次序，并写出了卦辞与部分爻辞。阳明与室友林富（亦因弹劾“八虎”而被拘入狱）便效仿文王，在囚室内戴着枷锁相与讨论《周易》，昼夜不绝，几乎忘记了自己身上还戴着枷锁。期间，阳明作了《读易》一诗，表达了将欲遁隐之意：

囚居亦何事？省愆惧安饱。
瞑坐玩义《易》，洗心见微奥。

乃知先天翁，画画有至教。
包蒙戒为寇，童牿事宜早。
蹇蹇匪为节，虩虩未违道。
《遁》四获我心，《蛊》上庸自保。
俯仰天地间，触目俱浩浩。
箪瓢有余乐，此意良匪矫。
幽哉阳明麓，可以忘吾老。

所谓《遁》四，指《遁》卦九四，爻辞为“好遁，君子吉，小人否”，伊川解曰：“君子虽有所好爱，义苟当遁，则去而不疑，所谓克己复礼，以道制欲，是以吉也；小人则不能以义处，昵于所好，牵于所私，至于陷辱其身而不能已，故在小人则否也。”（《周易程氏传》）“《遁》四获我心”，可见经历此事之后，阳明不再留恋朝堂，期望学习君子远遁而去了。这也正是孔子的教导：“天下有道则见，无道则隐。”（《论语·泰伯第八》）而今武宗荒淫冥顽，宦官又恣势弄权，凡有上谏，即遭囚狱，乃至杖杀，可谓无道之极。

二、离京

正德元年十二月十一日，阳明被定为五十三名“奸党”

之一。出狱后，遭廷杖四十，“既绝复苏”，旋即谪为贵州龙场驿驿丞。阳明杖疮未愈，武宗便下旨督促他迅速离京赴谪。离京之日，甘泉等人为阳明饯行。甘泉作了《九章赠别》，诗序中，甘泉劝勉阳明继续恪守明道“仁者浑然与天地万物同体”论学宗旨。崔铣也作了五首和诗，表达了离愁。阳明作了八咏应答二人：

其一

君莫歌九章，歌以伤我心。
微言破寥寂，重以离别吟。
别离悲尚浅，言微感逾深。
瓦缶易谐俗，谁辩黄钟者？

其二

君莫歌五诗，歌之增离忧。
岂无良朋侣，洵乐相遨游。
譬彼桃与李，不为仓囷谋。
君莫忘五诗，忘之我焉求？

其三

洙泗流浸微，伊洛仅如线。

后来三四公，瑕瑜未相掩。
嗟予不量力，跛鳖期致远。
屡兴还屡仆，惴息几不免。
道逢同心人，秉节倡予敢。
力争毫厘间，万里或可勉。
风波忽相失，言之泪徒泫。

其四

此心还此理，宁论己与人！
千古一嘘吸，谁为叹离群？
浩浩天地内，何物非同春？
相思辄奋励，无为俗所分。
但使心无间，万里如相亲。
不见宴游交，征逐胥以沦。

其五

器道不可离，二之即非性。
孔圣欲无言，下学从泛应。
君子勤小物，蕴蓄乃成行。
我诵穷索篇，于子既闻命。
如何圜中士，空谷以为静？

其六

静虚非虚寂，中有未发中。
中有亦何有？无之即成空。
无欲见真体，忘助皆非功。
至哉玄化机，非子孰与穷！

其七

忆与美人别，赠我青琅函。
受之不敢发，焚香始开缄。
讽诵意弥远，期我濂洛间。
道远恐莫致，庶几终不惭。

其八

忆与美人别，惠我云锦裳。
锦裳不足贵，遗我冰雪肠。
寸肠亦何遗？誓言终不渝。
珍重美人意，深秋以为期。（《阳明子之南也其友湛元明歌九章以赠崔子钟和之以五诗于是阳明子作八咏以答之》）

观诸《八咏》，可知此时阳明于诸多儒门要义已然极为明晰，如“此心还此理，宁论己与人”，又如“器道不可离，二之即非性”“静虚非虚寂，中有未发中”等，只是尚未有真实体验，止于人云亦云，鹦鹉学舌而已。直到龙场悟道，他方才于此诸要义有了真实体验。于此亦知，若无真实体验，纵然是对儒门要义了如指掌，如数家珍，也是无有意义，不能真实受用。

三、逃亡

以刘瑾之意，或许是想将阳明直接杖杀于廷杖之下，不料阳明命硬，“既绝复苏”。于是，刘瑾又心生歹计，建议武宗将阳明贬谪到荒远的贵州龙场，到那里去过生不如死的日子。更有甚者，刘瑾根本就不想让阳明活着到龙场，直接就安排人在半路截杀阳明。

> 先生至钱塘，瑾遣人随侦。先生度不免，乃托言投江以脱之。因附商船游舟山，偶遇飓风大作，一日夜至闽界。比登岸，奔山径数十里，夜扣一寺求宿，僧故不纳。趋野庙，倚香案卧，盖虎穴也。夜半，虎绕廊大吼，不敢入。黎明，僧意必毙于虎，将收其囊，见先生方熟睡，呼始醒，惊曰：“公非常人也！不然，得无恙乎？”邀至寺。寺有异人，尝识于铁柱宫，约二十年

> 相见海上，至是出诗，有“二十年前曾见君，今来消息我先闻”之句。与论出处，且将远遁，其人曰：“汝有亲在，万一瑾怒逮尔父，诬以北走胡，南走粤，何以应之？”因为蓍，得《明夷》，遂决策返。先生题诗壁间，曰：“险夷原不滞胸中，何异浮云过太空？夜静海涛三万里，月明飞锡下天风。”因取间道，由武夷而归。时龙山公官南京吏部尚书，从鄱阳往省。十二月返钱塘，赴龙场驿。（《年谱》）

关于这段历史，今人大多认为太过奇幻，作了诸多考证，指为不实，可谓言辞凿凿，如束景南、李庆等。笔者则以为阳明本为奇人，有所奇遇亦属正常。况且绪山是阳明晚年最为亲近的弟子之一，所述必有所据，恐怕不可以一概推翻。

阳明于正德二年（1507）年初离京，刘瑾安排人沿路侦察，以期伺机截杀之。阳明采用金蝉脱壳之计得以逃脱，“托言投江以脱之”。后来，阳明借搭商船，原本打算取道舟山返归绍兴，不料遭遇飓风，一天一夜就到了福建境内。登岸之后，继续逃逸，又遭遇恶僧，不得已占据虎穴，后又于寺庙中重逢铁柱宫所见异人。经异人劝说，阳明打消远遁之意，决定赴龙场驿任职。

此中有两点值得玩味：

一、阳明本拟“远遁”，异人劝他为亲人计，点醒了阳明。阳明早年修静之时，因为一念孝思——不能够忘却祖母与父亲，进而有所省悟。此番依旧因为一念孝思，使其打消了遁隐之意。不学而知的“良知”再一次将阳明引归正途。

二、经异人提醒，而后又占得《明夷》卦，阳明“遂决策返”，并在墙壁上题了一首诗，这首诗很是值得玩味。尚在逃生途中，阳明便已有“月明飞锡下天风”的气概，可见他的胸襟真的是辽阔邈远。诗的前两句更是体现出一种超脱的境地，“险夷原不滞胸中，何异浮云过太空”，富贵荣辱，平坦险恶，一切都似浮云飘过太空，不应当滞留在胸中。笔者以为这算得上是阳明龙场悟道的前悟，没有这番体悟，或许便不会有龙场悟道。

四、龙场之悟

赴谪龙场之前，阳明先是赶到南都，拜见了父亲和祖母，然后侍奉父亲与祖母返归绍兴。绍兴期间，妹婿曰仁（徐爱）携朱节、蔡宗兖前来问学，其后，因为要参加来年的会试，三子赶赴京都，阳明作了一篇《别三子序》，对三子极为赞誉，“希颜（蔡宗兖字）之深潜，守忠（朱节字）之明敏，曰仁之温恭，皆予所不逮”，又对他们进行了劝勉，倘若会试未能高中，则是“天将降大任于是人，必先违其所乐而投之于其所不欲，所以衡心拂虑而增其所不能，是玉之成也，其在兹行欤！”面对前途未卜的龙场之行，想必阳明也正是以这番话来进行自我勉励的。

正德三年（1508）正月，阳明启程赴龙场驿，途中曾拜谒濂溪祠、走访岳麓书院，又曾取道沅水、湘水，游洞庭，吊屈原。三月上旬，阳明到达龙场驿。

> （正德）三年戊辰，先生三十七岁，在贵阳。春，至龙场。先生始悟格物致知。龙场在贵州西北万山丛棘中，蛇虺魍魉，蛊毒瘴疠，与居夷人鴃舌难语，可通语者，皆中土亡命。旧无居，始教之范土架木以居。时瑾憾未已，自计得失荣辱皆能超脱，惟生死一念尚觉未化，乃为石墩自誓曰：“吾惟俟命而已！”日夜端居澄默，以求静一，久之，胸中洒洒，而从者皆病，自析薪取水作糜饲之；又恐其怀抑郁，则与歌诗；又不悦，复调越曲，杂以诙笑，始能忘其为疾病、夷狄患难也。因念：“圣人处此，更有何道？”忽中夜大悟格物致知之旨，寤寐中若有人语之者，不觉惊跃，从者皆惊。始知圣人之道，吾

性自足，向之求理于事物者误也。乃以默记五经之言证之，莫不吻合，因著《五经臆说》。(《年谱》)

这就是阳明龙场之悟的始末。

初到龙场之时，阳明连个像样的居所都没有，便自己搭建了一间草庵居住。并且请学于农，自己种植庄稼。加上环境极其恶劣，语言难通。阳明在龙场的生活，真的就像孟子所说，“苦其心志，劳其筋骨，饿其体肤，空乏其身，行拂乱其所为，所以动心忍性，曾(增)益其所不能”(《孟子·告子下》)，正是在这样的生存磨砺下，阳明才能够超脱于“得失荣辱”。至此，阳明只剩下一念还没有能够消融，那就是“生死”之念。阳明生而体弱，对于生死极为敏感，这也是他早年沉湎于佛、老的原因之一。此番身处困境之中，生死再次成为他无法回避的生命课题。

由于子路问死，孔子答以“未知生，焉知死”(《论语·先进第十一》)，学佛者便常常称儒者不能了却生死，借以贬低儒学。却不知儒者体证得生生之道，深知一切万物皆为生生之道的载体，而个体的生灭，正是宇宙生生不息的体现。故而，儒者但自履行生生之道而已，生亦生，死亦生，又岂会挂怀于生死？孟子所谓“夭寿不贰，修身以俟之，所以立命也”(《孟子·尽心上》)，正是此意。阳明于“生死一念尚觉未化”，可是，他最终所悟到的却是“圣人之道，吾性自足，向之求理于事物者误也”，似与生死毫不相关。其实，当阳明体悟到理在心中，而性即理时，只要率性而为、从心而作，自然便可超越于生死，也就无须再去讨论那“生死一念”了。

据绪山所述，阳明此时的工夫乃是“端居澄默，以求静一”，也就是静坐洗心的工夫，洗去妄念，克除自我[①]，本心即自呈现，故而，“久之，胸中洒洒”，无所挂碍。但是，当从者生病时，阳明便会去照顾他们；从者抑郁不乐时，阳明便会唱诗，且用越腔，甚至是“杂以诙笑”来逗他们开心。可见，胸中越是洒落，越是了无挂碍，心便越是柔软，越是无私仁爱。通过静坐，一边洗去妄念，克除自我，一边仁爱之心发用，这正是白沙所说的“于静中养出端倪”。至此，又引发了一个新的思考：“圣人处此，更有何道？”到此为止，阳明关于生命的探求已经到了极致，悟已经成为水到渠成的事。于是，“忽中夜大悟格物致知之旨”。阳明所悟的乃是“格物致知之旨”，而且，还仿佛是“寤寐中若有人语之者”，“始知圣人之道，吾性自足，向之求理于事物者误也”。历经千难万险，终于在龙场悟道，阳明自然是欣喜若狂，“不觉惊

---

① 自我，即“子绝四，毋意，毋必，毋固，毋我”之“我”。

跃”，以至于“从者皆惊”。阳明悟后，并没有盲目自信，而是“以默记五经之言证之”，无不吻合之后，方才涣然自信。阳明还曾作《五经臆说》，只是后来“自觉学益精，工夫益简易，故不复出以示人”，并付诸一炬。阳明逝后，绪山守丧，偶然于废稿中觅得十数条，便整理出来，今收于《王阳明全集》卷二十六。

五、心即理

阳明龙场悟道，悟得的是“格物致知之旨”，是“始知圣人之道，吾性自足，向之求理于事物者误也”。这一悟极其关键，可谓是阳明一生学问的根基。

《中庸》有云：“天命之谓性，率性之谓道。”所谓“圣人之道”，即率性之道，自然不出乎吾性之外，所以说“吾性自足”。关键在于“向之求理于事物者误也”，“求理于事物者”，乃是伊川、朱子之教，如伊川论“格物”有云：“凡一物上有一理，须是穷致其理。”“须是今日格一件，明日又格一件，积习既多，然后脱然自有贯通处。”(《河南程氏遗书》)朱子正是本于伊川之教，撰补了《大学》“格物致知”之传：

> 所谓致知在格物者，言欲致吾之知，在即物而穷其理也。盖人心之灵莫不有知，而天下之物莫不有理，惟于理有未穷，故其知有不尽也。是以《大学》始教，必使学者即凡天下之物，莫不因其已知之理而益穷之，以求至乎其极。至于用力之久，而一旦豁然贯通焉，则众物之表里精粗无不到，而吾心之全体大用无不明矣。此谓格物，此谓知之至也。(《大学章句》)

概言之，伊川、朱子对“格物”的理解就是即物穷理，对“致知”的理解则是增进知识，即物穷理就可以增进知识，所以“致知在格物”。即物穷理的方法则是：“因其已知之理而益穷之，以求至乎其极。”可见即物穷理是认知的渐进，是认知的累积，终而抵达全然了解。更重要的是，对于物理的穷究，最终要落实到吾心上来：“至于用力之久，而一旦豁然贯通焉，则众物之表里精粗无不到，而吾心之全体大用无不明矣。”穷究外物之理，其实就是在体究吾心之用，穷究物理与体究吾心乃是不二的。对外物之理的体认越清晰，吾心之用就越明；吾心之用越明，对外物之理的体认就越清晰。两者是相互促进、相辅相成的，最终实现的是双重结果：“众物之表里精粗无不到”和“吾心之全体大用无不明”。伊川、朱子“格物致知”说的精义，在于心具之理与物具之理的纯然合一。其实，无论是心具之理，还是物具之理，都是天理（生生之理）的体现。天理落实在人心上，便是心具之理；落实在万物上，便是物具之理。两者的本源是共同的，只是一个，所以，探究万物之理，终而能够“豁然贯通”，而于“众物之表里精粗无不到，而吾心之全体大用无不明矣”。

伊川、朱子的“格物致知”说建立在理一分殊的基础上，物我兼顾，终而合外内为一，极为圆满。可惜的是，阳明只看到了其中的一半，即“众物必有表里精粗，一草一木皆涵至理”，而一味地去格外物。他早年格竹便是如此，而且并不曾“因其已知之理而益穷之”。后来，他也曾努力遵循朱子之教去读书，可是，“物理、吾心终若判而为二”。龙场悟道使他体悟到心即理，理就在心上，故而，“向之求理于事物者误也”，就此执定伊川、朱子之说为支离，其实是一个莫大的误会。

“向之求理于事物者误也”，既然“求理于事物”是错误的，自然就应当到心上去求理。之所以要到心上去求理，是因为心即是理，到心上去求理，即可得理。阳明龙场之悟的根本在于“心即理”。故而，在京城与曰仁论学时，他反复强调“心即理”：

心即理也。天下又有心外之事、心外之理乎？

心即理也。此心无私欲之蔽，即是天理，不须外面添一分。（皆见《传习录上》）

阳明所谓的“心即理”，实即本心即理：

心之本体原自不动。心之本体即是性，性即是理。性元不动，理元不动。（同上）

“性即是理”，性是心的本体，心的本然状态必定是率性的、合理的，所以说本心即理。然而，世人常有违背本心的时候，也就是“心失其本体”的状态。“心失其本体”，便成了妄心。如此则心有本心与妄心之别。故而，讲“心即理”，务须指明心为本心。正因为此，笔者以为将阳明所谓的“心即理”理解为“心具理”或许更为妥当：

性即是理，心具理，性即心具之理。就心的本然状态而言，凡是心之所发，必然率性、合理。可是，一旦心被自我所支配，心之所发则为私意。如果心即是理，就不应该出现这样的状况。心即是理，无论何时，心之所发全都应当率性、合理。如果是心具理，那么，就心的本然状态而言，心与理一，可以说是心即是理；就心为自我所支配的状态而言，则为“失其本体”而沦为妄心，此时的心是有违于理的。然而，因为心具理，理并没有离却心而别在，只要能够克除自我，心自然就会返归本然状态。

也唯有如此，方能准确理解阳明的四句教——“无善无恶是心之体，有善有恶是意之动，知善知恶的是良知，为善去恶是格物”。所谓“无善无恶”，即是至善，“无善无恶，是谓至善”（《传习录上》）。性为心之体，性为心具之理，亦即天理（生生之理），天理岂容有丝毫之恶？故而，心之体是至善的。心具理，心遵循于理而发自然是善的，可是，一旦心为自我所挟持，所发则会为私意，为恶，这就是“有善有恶是意之动”。心之所发，有善有恶，善为循理而发，恶则缘于自我而发，无论是循理而发，还是本于自我而发，良知全都历历分明。所谓良知，即是心的本然之知，亦即心循于理之知。心之所发循不循理，良知自然知晓。这就是“知善知恶的是良知”。知道了善恶之后，善则成之，恶则克之，“于其良知所知之善者，即其意之所在之物而实为之，无有乎不尽；于其良知所知之恶者，即其意之所在之物而实去之，无有乎不尽”（《大学问》），这就是格物。所以说“为善去恶是格物”。

因为“心具理”，故而，克除自我之后，心之所发，莫不合理。从中，阳明体证得儒佛之异同：佛家体证得的乃是一个空洞洞的明觉，儒者所体味得的则是与天理（生生之理）合一的明觉。孰是孰非，一目了然。至此，阳明方才算是真正将佛、老勘破，不再有丝毫留恋。

六、知行合一

“心即理”，凡是心之所知，无不合理；凡是心之所行，也无不合理。心为身之主，心之行即身之行，身之行自然也无不合理。故知，心之所知，与心之行、身之行乃是一贯的、不二的。细细推敲，还会发现心知心即行，心行身即行，其间间不容发。关于这一点，阳明曾引《大学》“如好好色，如恶恶臭”来讲述：

> 爱因未会先生“知行合一”之训，与宗贤、惟贤往复辩论，未能决，以问于先生。
>
> 先生曰：“试举看。”
>
> 爱曰：“如今人尽有知得父当孝、兄当弟者，却不能孝、不能弟，便是知与行分明是两件。”
>
> 先生曰：“此已被私欲隔断，不是知行的本体了。未有知而不行者，知而不行，只是未知。圣贤教人知行，正是要复那本体，不是着你只恁的便罢。故《大

学》指个真知行与人看，说‘如好好色，如恶恶臭’，见好色属知，好好色属行，只见那好色时已自好了，不是见了后又立个心去好；闻恶臭属知，恶恶臭属行，只闻那恶臭时已自恶了，不是闻了后别立个心去恶。”（《传习录上》）

心知心即行，心行身即行，如果心知而心不行，或是心行而身不行，那就必然是因为其间掺杂了自我。“见好色属知，好好色属行”，心知——“见好色”，心便已行——“好好色”，其中并无间隔。如果心知——“见好色”，心却不行——不“好好色”，那就必定是因为心被把持住了。心被把持，背后必定有着自我的主使，告子所说的“不动心”便是如此。心行身即行，心行——“好好色”，身自然也会行，投以欣赏的目光，或是加以赞誉。这一切乃是自然而然的。请注意，“好好色”本于天理的自然，一旦生有占有欲，或是嫉妒心，那就必定是自我在作祟。并且，这里的“好色”并非限指女色，而是指世间的一切美。如果心行——“好好色”，身却不行——不“好好色”，那就是不诚，就是虚伪，虚伪的背后也必定是自我。总之，如果没有自我掺杂其中，知行本是合一的。这就是“知行的本体”——知行的本然状态。

细究之，心知与心行大多是一贯的，乃是知而即行的。心行与身行，则往往会有所分离。例如，看到小孩将入于井，是心知，只要不是麻木不仁之人，都会油然而生一股怵惕恻隐之心，这就是心行。可是，本于恻隐之心（心行）而采取行动（身行），就不是人人都可以做到的了。一旦自我生起，或因为惰性，或因为怕招惹麻烦，都会选择背弃心行。背弃了心行，也就背弃了心知，也就背弃了天理。如此一来，便是“已被私欲隔断，不是知行的本体了”。

阳明体悟了“心即理”，意识到心知、心行、身行三者的本然状态乃是合一的，故而提倡“知行合一”。然而，体认得“心即理”，并不等于已经做到了“知行合一”。唯有彻底克除自我，纯然活出“心即理”的生命状态，方才算得上是“知行合一”——“知行合一”是克己的结果。

体悟到“心即理”，只是究明了心的本体而已，还有许多工夫要下。用孟子的话来讲，阳明龙场悟道，体悟到“心即理”，乃是“先立乎其大”。

阳明体悟到“心即理”，体认得“知行合一”，自然急切希望他人也能够体认到，故而，在龙场教学之时，他便迫不及待地为问学者讲述“知行合一”。

（正德）四年己巳，先生三十八岁，在贵阳。提学副使席书聘主贵阳书院。

是年，先生始论知行合一。始席元山书提督学政，问朱陆同异之辨。先生不语朱陆之学，而告之以其所悟。书怀疑而去。明日复来，举知行本体证之五经、诸子，渐有省。往复数四，豁然大悟，谓："圣人之学复睹于今日。朱陆异同，各有得失，无事辩诘，求之吾性，本自明也。"遂与毛宪副修葺书院，身率贵阳诸生，以所事师礼事之。(《年谱》)

元山向阳明询问"朱陆同异之辨"，朱，即朱子，陆，即象山，当年，象山斥朱子学为支离，朱子则斥象山学为禅。后学往往或执朱斥陆，或执陆斥朱，争执不休。后来朱子学被朝廷奉为正学，象山学便日渐式微。象山之学以"复本心"为宗旨，与阳明龙场之悟可谓一贯，故而，阳明对象山颇为认可，认为两宋之学，濂溪、明道之后，便要算象山了(《传习录下》)。后来，他甚至表示"尝欲冒天下之讥，以为象山一暴其说，虽以此得罪，无恨"(《答徐成之书二》)。然而，元山以"朱陆异同之辨"相问时，他却"不语朱陆之学"，而是告诉元山自己所体悟到的，据"明日复来，举知行本体证之五经、诸子"，可知阳明告诉元山的正是"知行合一"。

经过阳明的反复阐述，元山终于“豁然大悟”。据元山之言，阳明所讲的乃为“圣人之学”。至于元山的体悟——“求之吾性，本自明也”，简直就是阳明所悟——“圣人之道，吾性自足，向之求理于事物者误也”的翻版，由此可知，元山亦已体悟到“心即理”，体认得“知行合一”。只是“知行合一”并不容易理解，故而，尽管阳明下了很大功夫，可是，除了元山之外，其他人却并没有多少真切的体味。所以，阳明后来颇有悔意：“昔在贵阳举知行合一之教，纷纷异同，罔知所入。”（《年谱》）

七、立志、勤学、改过、责善

正德四年（1509）闰九月，朝廷升阳明为庐陵知县，十二月，阳明奔赴庐陵知县任。自正德三年春至龙场，到正德四年十二月，阳明在龙场谪居了近两年。据《年谱》，其间，阳明曾开设龙冈书院教导诸生，并建构寅宾堂、何陋轩等，“以所居湫湿，乃伐木构龙冈书院及寅宾堂、何陋轩、君子亭、玩易窝以居之”。关于寅宾堂、何陋轩、君子亭、玩易窝等，阳明悉皆有记，此不一一转述。惟龙冈书院开学时，阳明曾制定书院教条，揭立志、勤学、改过、责善四事，四事层层递进，环环相扣，极有利于初学者。其中如

“志不立，天下无可成之事”等句，已成激励世人立志的名言警句。笔者早年曾节录此书以为座右铭，遵阳明之教而为，颇为受益。今且转录全文于此，以期于读者诸君略有补益：

教条示龙场诸生

诸生相从，于此甚盛，恐无能为助也，以四事相规，聊以答诸生之意：一曰立志，二曰勤学，三曰改过，四曰责善。其慎听毋忽！

立志

志不立，天下无可成之事，虽百工技艺，未有不本于志者。今学者旷废隳惰，玩岁愒时，而百无所成，皆由于志之未立耳。故立志而圣，则圣矣；立志而贤，则贤矣。志不立，如无舵之舟、无衔之马，漂荡奔逸，终亦何所底乎？昔人有言，使为善而父母怒之，兄弟怨之，宗族乡党贱恶之，如此而不为善可也；为善则父母爱之，兄弟悦之，宗族乡党敬信之，何苦而不为善为君子？使为恶而父母爱之，兄弟悦之，宗族乡党敬信之，如此而为恶可也；为恶则父母怒之，兄弟怨之，宗族乡党贱恶之，何苦而必为恶为小人？诸生念此，亦可以知所立志矣。

勤学

已立志为君子，自当从事于学。凡学之不勤，必其志之尚未笃也。从吾游者，不以聪慧警捷为高，而以勤确谦抑为上。诸生试观侪辈之中，苟有虚而为盈，无而为有，讳己之不能，忌人之有善，自矜自是，大言欺人者，使其人资禀虽甚超迈，侪辈之中，有弗疾恶之者乎？有弗鄙贱之者乎？彼固将以欺人，人果遂为所欺，有弗窃笑之者乎？苟有谦默自持，无能自处，笃志力行，勤学好问，称人之善，而咎己之失，从人之长，而明己之短，忠信乐易，表里一致者，使其人资禀虽甚鲁钝，侪辈之中，有弗称慕之者乎？彼固以无能自处，而不求上人，人果遂以彼为无能，有弗敬尚之者乎？诸生观此，亦可以知所从事于学矣。

改过

夫过者，自大贤所不免，然不害其卒为大贤者，为其能改也。故不贵于无过，而贵于能改过。诸生自思平日亦有缺于廉耻忠信之行者乎？亦有薄于孝友之道，陷于狡诈偷刻之习者乎？诸生殆不至于此。不幸或有之，皆其不知而误蹈，素无师友之讲习规饬也。诸生试内省，万一有近于是者，固亦不可以不痛自悔咎。然亦不当以此自歉，遂馁于改过从善之心。但能一旦脱然洗涤旧染，虽昔为寇盗，今日不害为君子矣。若曰吾昔已如此，今虽改过而从善，将人不信我，且无赎于前过，反怀羞涩凝沮，而甘心于污浊终焉，则吾亦绝望尔矣。

责善

责善，朋友之道，然须忠告而善道之。悉其忠爱，致其婉曲，使彼闻之而可从，绎之而可改，有所感而无所怒，乃为善耳。若先暴白其过恶，痛毁极诋，使无所容，彼将发其愧耻愤恨之心，虽欲降以相从，而势有所不能，是激之而使为恶矣。故凡讦人之短，攻发人之阴私以沽直者，皆不可以言责善。虽然，我以是而施于人不可也，人以是而加诸我，凡攻我之失者，皆我师也，安可以不乐受而心感之乎？某于道未有所得，其学卤莽耳。谬为诸生相从于此，每终夜以思，恶且未免，况于过乎？人谓事师无犯无隐，而遂谓师无可谏，非也。谏师之道，直不至于犯，而婉不至于隐耳。使吾而是也，因得以明其是；吾而非也，因得以去其非，盖教学相长也。诸生责善，当自吾始。

八、《象祠记》与《瘗旅文》

少时读《古文观止》，其中有三篇阳明文字，即《尊经阁记》《象祠记》与《瘗旅文》。《尊经阁记》为阳明晚年居越期间所撰四大记之一，留待后文再述。《象祠记》与《瘗旅文》则皆为阳明谪居龙场期间所撰，今且概述之。

随着讲学的开展，阳明逐渐受到了关注。先是思州守心生不满，派人到龙场驿侮辱阳明，夷民们愤愤不平，群起殴打了来人一顿，思州守大怒，竟然上报了贵州巡抚。时任提学副使的毛科劝阳明向思州守谢罪，阳明给思州守写了一封信，据理力争，使之惭愧折服。又有水西安宣慰闻阳明之名，多番致意，欲与阳明结交。凡有事，必以问阳明，阳明则晓之以理。其后，阳明还曾劝其平息叛乱，安宁一方。

> 水西安宣慰闻先生名，使人馈米肉，给使令，既又重以金帛鞍马，俱辞不受。始朝廷议设卫于水西，既置城，已而中止，驿传尚存。安恶据其腹心，欲去之，以问先生。先生遗书析其不可，且申朝廷威信令甲，议遂寝。已而宋氏酋长有阿贾、阿札者叛，宋氏为地方患，先生复以书诋讽之，安悚然，率所部平其难，民赖以宁。(《年谱》)

安宣慰还曾因苗夷之请修复象祠，并致书请阳明为象祠撰记。象是舜同父异母的弟弟，性情倨傲，多次想要谋杀舜，为什么还要供奉象呢？阳明在《象祠记》中解开了这一个千古之谜。原来象虽有种种不是，“以为子则不孝，以为弟则傲”，最终却为舜所感化，所以，象祠真正想要祭祀的是舜，“然则祀者为舜，非为象也”。既然象这般的不仁之人都可以教化，世间还有谁不可以教化呢？“吾于是益有以信人性之善，天下无不可化之人也”。而要化人，就应当向舜学习，修身立德，“君子之修德，及其至也，虽若象之不仁，而犹可以化之也”。

犹记当时读《古文观止》，对于经尚无概念，对于象之事亦不甚了了，故而，读《尊经阁记》与《象祠记》并无甚感触，却被《瘗旅文》深深感动。瘗即埋葬，旅即旅人。所埋葬的乃是途经龙场前去赴任的主仆三人。主仆三人皆为中原人士，为了一份薄禄，不远千里，登山涉水，前去赴任，终因饥渴交加，身心疲惫，加之瘴疠侵害，先后暴死于蜈蚣坡下。兔死狐悲，阳明知道之后，与二童子埋葬了三人，举行了简单的葬礼，并作了一篇祭文。全文分为三部分，第一部分以极其克制的行文记述了主仆三人之死，因“念其暴骨无主”，阳明命二童子前去埋葬三人，二童子面露难色，阳明不禁感叹：“噫！吾与尔犹彼也！”就此感动二童子，在山坡上挖了三个坟坑，埋葬了主仆三人。第二部分为祷告之文，言辞急促，情感迸发。阳明感叹其人遭此厄运，并且连累了儿子和仆人，却也指出其人乃是“自取”。其人虽是“自取”，却引发了阳明的无限哀情。最后一部分，阳明先是歌以安其魂，“……达观随寓兮奚必予宫，魂兮魂兮无悲以恫”；既而，又歌以慰之，“……餐风饮露，无尔饥兮；朝友麋鹿，暮猿与栖兮。尔安尔居兮，无为厉于兹墟兮！”文中自始至终都渗透着一股同命相哀之情，阳明在龙场的艰辛生活于中亦可窥一斑。

第六章　庐陵善治

一、吾言在《订顽》

正德四年（1509）十二月初，阳明自龙场驿启程，前赴庐陵之职，贵阳诸门人依依不舍，相送至龙里卫。感念诸生情意，阳明作了两首诗话别，诗中指示他们以横渠（张载）《订顽》为学习宗旨：

> 相思不用勤书札，别后吾言在《订顽》。（《诸门人送至龙卫里道中二首》其一）

《订顽》，即《西铭》，乃理学名篇。熙宁三年（1070），横渠西归，为了教导关中学者，作了《订顽》《砭愚》二文，书于学堂双牖，伊川知道之后，认为“顽”“愚”二字易起争端，于是为之改为《西铭》《东铭》。二程先生对《西铭》赞不绝口，明道曾说："《西铭》，某得此意，只是须得他子厚（张载字）有如此笔力，他人无缘做得。孟子以后，未有人及此。得此文字，省多少言语。"而当龟山（杨时）致书伊川，疑《西铭》言体而不及用，恐其流于墨氏兼爱之时，伊川则答曰："《西铭》之为书，推理以存义，扩前圣所未发，与孟子'性善''养气'之论功同，岂墨氏之比哉！《西铭》明理一而分殊，墨氏则二本而无分……子比而同之，过矣！且谓言体而不及用，彼欲使人推而行之，本为用也，反谓不及，不亦异乎？"（《二程集》）船山（王夫之）则指明，《西铭》之旨实与濂溪《太极图说》一贯："则濂溪之旨，必有为推本天亲合一者，而后可以合乎人心，顺乎天理而无敝，故张子此篇不容不作。"（《张子正蒙注》）概言之，《西铭》由宇宙论论及人生论，实为天人一贯之学。笔者为学，深受濂溪《太极图说》、横渠《西铭》影响，至今仍以此二者为座右铭。因阳明指示贵阳诸生以《西铭》为旨，今且抄录于此，以供诸位研习：

乾称父，坤称母；予兹藐焉，乃混然中处。故天地之塞，吾其体；天地之帅，吾其性。民，吾同胞；物，吾与也。大君者，吾父母宗子；其大臣，宗子之家相也。

尊高年，所以长其长；慈孤弱，所以幼其幼。圣，其合德；贤，其秀也。凡天下疲癃、残疾、茕独、鳏寡，皆吾兄弟之颠连而无告者也。“于时保之”，子之翼也；“乐且不忧”，纯乎孝者也。违曰悖德，害仁曰贼，济恶者不才。其践形，惟肖者也。知化则善述其事，穷神则善继其志。不愧屋漏为无忝，存心养性为匪懈。恶旨酒，崇伯子之顾养；育英才，颍封人之锡类。不驰劳而底豫，舜其功也；无所逃而待烹，申生其恭也；体其受而归全者，参乎！勇于从而顺令者，伯奇也。富贵福泽，将厚吾之生也；贫贱忧戚，庸玉女（汝）于成也。存，吾顺事；没，吾宁也。

二、辰州教静坐

龙场之悟令阳明自觉担负起“先觉觉后觉”的大任，凡有机会，便随时讲学。从贵阳到江西，旅途漫漫，自然也是讲学不辍。

正德五年（1510）正月，阳明抵达辰州，寓居在虎溪龙兴寺，辰州学子仰慕其名，纷纷前来问学。据说，阳明此番在龙兴寺讲学长达月余，前来问学切磋者多达千余人。阳明早年以修静为主，在龙场也是通过“日夜端居澄默，以求精一”而悟道的，加之追悔贵阳时“举知行合一之教”，以致于“纷纷异同，罔知所入”，故而，此番在辰州，阳明主要教诸生修静。他陪同诸生一起静坐，拟“使自悟性体，顾恍恍若有可即者”（《年谱》），也就是让诸生“于静中养出端倪”。当然，因为自身得益于静坐，阳明也是一有机会，便会静坐，有诗为证：

雨霁僧堂钟磬清，春溪月色特分明。
沙边宿鹭寒无影，洞口流云夜有声。
静后始知群动妄，闲来还觉道心惊。
问津久已惭沮溺，归向东皋学耦耕。（《霁夜》）

“静后始知群动妄”，可见阳明是以静坐来觉察妄念进而克治妄念的。又如：

江日熙熙春睡醒，江云飞尽楚山青。
闲观物态皆生意，静悟天机入窅冥。
道在险夷随地乐，心忘鱼鸟自流形。
未须更觅羲唐事，一曲沧浪击壤听。《睡起写怀》

“天机”即天理活泼泼的呈现，“静悟天机”正是在静中体认天理。而“闲观物态皆生意”，可见阳明已然可以体味到宇宙间的一切物态皆是生生之道的呈现，皆是生生之理的载体。

然而，白沙“筑阳春台，静坐其中，数年无户外迹”（《明史 · 儒林传》），方才“养出端倪”；阳明自己也是静修多年，而后居危处困，一心静坐，久之，方有“胸中洒洒”之验。如今，教导初学，让他们静坐一段时日，便想要“养出端倪”，自然是无有可能的。最重要的是，一味修静很容易让人以为是坐禅入定，故而，在离开辰州尚未抵达庐陵的途中，阳明就写信给辰州诸生，指出“前在寺中所云静坐事，非欲坐禅入定”，而是“欲以此补小学收放心一段工夫耳”，且列举数言供诸生作为座右铭。

> 前在寺中所云静坐者，非欲坐禅入定。盖因吾辈平日为事物纷拏，未知为己，欲以此补小学收放心一段工夫耳。明道云：“才学便须知有着力处，既学便须知有着力处。”诸友宜于此处着力，方有进步，异时始有得力处也。“学要鞭辟近里着己”“君子之道，暗然而日章”“为名与为利，虽清浊不同，然其利心则一”“谦受益”“不求异于人，而求同于理”，此数语宜书之壁间，常目在之。（《与辰中诸生》）

三、庐陵之治

阳明一边讲学，一边赶路，于三月中旬到达庐陵。一到庐陵，他就开始了“惟以开导人心为本”(《年谱》)的庐陵之治。阳明庐陵之治，观其《告谕庐陵父老子弟》数书，以及《庐陵县公移》文字，即可一目了然。

一到庐陵，阳明就发现庐陵有健讼之习，于是，发布了一则《告谕庐陵父老子弟》书，劝诫民众不是大事就不要争讼，纵有大事，讼词也要简略陈述，不可牵扯他事：

> 庐陵，文献之地，而以健讼称，甚为吾民羞之。县令不明，不能听断，且气弱多疾。今与吾民约：自今非有迫于躯命，大不得已事，不得辄兴词。兴词但诉一事，不得牵连，不得过两行，每行不得过三十字。过是者不听，故违者有罚，县中父老谨厚知礼法者，其以吾言归告子弟，务在息争兴让。呜呼！一朝之忿，忘其身以及其亲，破败其家，遗祸于其子孙，孰与和巽自处，以良善称于乡族，为人之所敬爱者乎？吾民其思之。

而面对诸多奔讼之民不顾农作，呼号奔走，阳明则采取了“不放告”的策略，劝谕他们勤于耕种，以免日后失养，“以今农月，尔民方宜力田，苟春时一失，则终岁无望，放告尔民，将牵连而出，荒尔田亩，弃尔室家，老幼失养，贫病莫全，称贷营求，奔驰供送，愈长刁风，为害滋甚”。

适逢庐陵遭遇灾疫，“无知之民惑于渐染之说，至有骨肉不相顾疗者”，身为父母官，阳明深感痛心，他一面派遣医者救助患者，一面开导人心，劝谕孝悌，“……为民父母，何忍坐视？言之痛心。中夜忧惶，思所以救疗之道，惟在诸父老劝告子弟，兴行孝弟”，且承诺“有能兴行孝义者，县令当亲拜其庐”。

对于庐陵县境多盗的状况，阳明也提出了相应的解决措施：

> 今县境多盗，良由有司不能抚缉，民间又无防御之法，是以盗起益横。近与父老豪杰谋，居城郭者，十家为甲；在乡村者，村自为保。平时相与讲信修睦，寇至务相救援。庶几“出入相友，守望相助”之义。今城中略已编定。父老其各写乡村为图，付老人呈来。子弟平日染于薄恶者，固有司失于抚缉，亦父老素缺教诲之道也。今亦不追咎，其各改行为善。老人去，宜谕此意，毋有所扰。

当年，庐陵遭遇干旱，进而引发火灾，阳明立即自劾不职，并“停催征，纵轻罪”：

今天时亢旱，火灾流行，水泉枯竭，民无屋庐，岁且不稔。实由令之不职，获怒神人，以致于此。不然，尔民何罪？今方斋戒省咎，请罪于山川社稷，停催征，纵轻罪。尔民亦宜解讼罢争，息心火，无助烈焰。禁民间毋宰杀酗饮。前已遣老人遍行街巷，其益修火备，察奸民之因火为盗者。县令政有不平，身有缺失，其各赴县直言，吾不惮改。

与此同时，阳明分析火灾损失惨重的原因，针对问题，集思广益，采取切实可行的解决方案：

昨行被火之家，不下千余，实切痛心。何延烧至是？皆由衢道太狭，居室太密，架屋太高，无砖瓦之间，无火巷之隔，是以一遇火起，即不可救扑。昨有人言，民居夹道者，各退地五尺，以辟衢道；相连接者，各退地一尺，以拓火巷。此诚至计。但小民惑近利，迷远图，孰肯为久长之虑，徒往往临难追悔无及。今与吾民约，凡南北夹道居者，各退地三尺为街；东西相连接者，每间让地二寸为巷。又间出银一钱，助边巷者为墙，以断风火。沿街之屋，高不过一丈五六，厢楼不过二丈一二。违者各有罚。

其后，军民之间为了火巷发生纠纷，县民吴魁昊、石洪等奔赴县衙，要求阳明“抑军扶民”。阳明再作《告谕庐陵父老子弟》书，细述其由，劝勉军民和睦相处，平息了这场纷争。

针对贪官污吏的种种盘剥行为，阳明也一一以《告谕庐陵父老子弟》书告示一县之民。如夏六月征办钱粮，有贪官污吏竟然重复征收，阳明在告谕中说：“今急难已过，本府决无复行追求之理。此必奸伪之徒，假府为名，私行需索。”并指示说：“自后但有下乡征取者，尔等第与俱来，吾有以处之。毋遽汹汹！”

对于上方无端的摊派，阳明也是站在百姓的角度，申请蠲免，如葛布之案。庐陵原本不产葛布，也没有征派葛布的名目。可是，从正德二年开始，一位姚姓镇守太监却无端摊派，向各县征收葛布，不产葛布的县区，则“出银解送收买”。当时，摊派给庐陵的是折银一百五两。无端增加负担，百姓自然不愿意，“当时百姓呶呶，众口腾沸”。到了正德五年（1510），在以前一百五两之外，又有加派。“兼之岁办料杉、楠木、炭、牲口等项，旧额三千四百九十八两，今年增至一万余两，比之原派，几于三倍”，而“其余公差往来，骚扰刻剥，日甚一日”，加上疫情大作，又遭逢干旱，庐陵百姓可谓民不聊生。面对这种情况，阳明立即请求蠲免额外摊派，“除将原发银两解府转解外，合关本县当道垂怜小民之穷苦，俯念时势之难为，特赐宽容，悉与蠲免。其有迟违等罪，止坐本职一人，即行罢归田里，以为不职之戒”（《庐陵县公移》）。

庐陵县署久已破败不堪，阳明到任后，处理了一些当务之急的事务之后，到了六月，他开始修整县署，十月竣工。其时，适好“八虎”之首刘瑾伏法，朝廷召唤阳明，阳明决定返归京都。临行之前，阳明再次发布了一则《告谕庐陵父老子弟》书，劝诫庐陵父老不忘教诲子弟：

> 县令到任且七月，以多病之故，未能为尔民兴利去弊。中间局于时势，且复未免催科之扰，德泽无及于民，负尔父老子弟多矣。今兹又当北觐，私计往返，与父老且有半年之别。兼亦行藏靡定，父老其各训诫子弟，息忿罢争，讲信修睦，各安尔室家，保尔产业，务为善良，使人爱乐，勿作凶顽，下取怨恶于乡里，上招刑戮于有司。呜呼！言有尽而意无穷，县令且行矣，吾

民其听之！

阳明任庐陵县令，虽然仅仅七个月，但是，他“以开导人心为本”，处理政事，对症下药，并站在长治久安的角度考虑问题，很快便取得了成效。甘泉称其在庐陵“卧治六月而百务具理，有声”（《墓志铭》），可谓中肯之言。

第七章　论学京都

一、三子结盟共学

正德五年（1510）十一月，阳明到达京都，寓居于大兴隆寺。到达京都之后，阳明迅速开展论学活动，除了与甘泉恢复中断数年的论学，他又与久庵（黄绾）、应良、西樵（方献夫）、徐祯卿、乔宇、张邦奇、郑一初、曰仁（徐爱）等人展开论学，传播他在龙场所体悟到的“心即理”与“知行合一”。这一个时期，可谓是阳明“心学”的滥觞时期。

早在弘治十八年，阳明与甘泉便已“一见定交，共以倡明圣学为事”。正德元年十二月，阳明谪居龙场，其后，又在庐陵做了七个月的知县，两人的论学中断了近四年。阳明迫切希望将自己在龙场的体悟与这位挚友交流、切磋，于是，回到京都，第一件事便是与甘泉恢复论学。期间，好友储巏将久庵介绍给了阳明。久庵，即黄绾，字宗贤。阳明逝后，久庵将自己的女儿嫁给了阳明之子正亿。阳明与久庵也是一见如故，于是，他邀久庵与自己和甘泉三人共订终身共学之盟。此事，久庵有着数番陈述：

> 以朝觐入京，调南京刑部主事，馆于大兴隆寺。予时为后军都事，少尝有志圣学，求之紫阳、濂、洛、象山之书，日事静坐，虽与公有通家之旧，实未尝深知其学。执友柴墟储公巏与予书曰："近日士夫如王君伯安，趋向正，造诣深，不专文字之学，足下肯出与之游，丽泽之益，未必不多。"予因而慕公，即夕趋见。适湛公共坐室中，公出与语，喜曰："此学久绝，子何所闻而遽至此也？"予曰："虽粗有志，实未用功。"公曰："人惟患无志，不患无功。"即问："曾识湛原明否？来日请会，以订我三人终身共学之盟。"明日，公令人邀予至公馆中，会湛公，共拜而盟。(《行状》)
>
> 岁在庚午，奔窃斗升，邂逅王子，于彼都城。古寺灯前，一语辄倾。明日湛子，乃复寻盟，定以终身，期必相成。视时都城俊髦如林，求其有志而同予三人，鲜矣。(《祭徐曰仁文》)

阳明、甘泉、久庵三子结盟共学之后，几乎天天相聚论学，以讲明绝学为己任，共倡圣人之道。诚如久庵所说："予三人者，自职事之外，稍暇，必会讲，饮食起居，日必共之，各相砥励。"（《行状》）

二、别甘泉

很显然，阳明在龙场所体悟到的"圣人之道，吾性自足，向之求理于事物者误也"，与甘泉的论学宗旨——"随处体认天理"有了一定的差异性。在甘泉看来，宇宙间的万事万物无一不是天理的载体，天理随处皆在，故而，处处皆可体认天理。这自然没有问题。

儒门论学，有一个重要的法门，那就是观象，即在观思宇宙万象的过程中体认天理（生生之理）。甘泉之说，正是本于观象而来。可是，阳明体证得"心即理"后，更加注重内求于心，而认为"随处体认天理"未免是"求之于外"了。一时间，两人谁也说服不了谁。当然，两人皆以道自任，情同手足，"予与阳明子共盟斯道，如兄弟也"（湛若水语），故而，这一差异并不曾影响二人的相与论学。

可惜的是，正德六年（1511）九月，甘泉受命出使安南，不得已离京而去。临别前，阳明作了《别湛甘泉序》，序中肯定甘泉之学为“自得”之学，赞誉甘泉为“圣人之徒”，并且回顾了甘泉对他的促进与影响：

……夫求以自得，而后可与之言学圣人之道。某幼不问学，陷溺于邪僻者二十年，而始究心于老、释。赖天之灵，因有所觉，始乃沿周、程之说求之，而若有得焉。顾一二同志之外，莫予翼也，岌岌乎仆而后兴。晚得友于甘泉湛子，而后吾之志益坚，毅然若不可遏，则予之资于甘泉多矣。甘泉之学，务求自得者也。世未之能知，其知者且疑其为禅。诚禅也，吾犹未得而见，而况其所志卓尔若此！则如甘泉者，非圣人之徒欤？多言又乌足病也！夫多言不足以病甘泉，与甘泉之不为多言病也，吾信之。吾与甘泉友，意之所在，不言而会；论之所及，不约而同，期于斯道，毙而后已者。今日之别，吾容无言？夫惟圣人之学难明而易惑，习俗之降愈下而益不可回，任重道远，虽已无俟于言，顾复于吾心，若有不容已也，则甘泉亦岂以予言为缀乎？

又作有《别湛甘泉二首》，中有“远别情已惨，况此艰难秋；分手诀河梁，涕下不可收”诸句，表达了对甘泉离去的不舍之情。甘泉前脚离京而去，阳明随即便又写了一封信给甘泉：

> 别后，无可交接，百事灰懒，虽部中亦不多去，惟日闭门静坐，或时与纯甫、宗贤闲话，有兴则入寺一行而已。因思吾两人者平日讲学，亦大拘隘，凡人资禀有纯驳，则其用力亦自有难易，难者不可必之使易，犹易者不可必之使难。孔门诸子问仁，夫子告之，言人人殊。乌可立一定之说，而必天下之同己！或且又自己用功悠游，而求之人者太急迫无叙，此亦非细故也。又思平日自谓得力处，亦多尚杂于气，是以闻人毁谤辄动，却幸其间已有根芽，每遇惩创，则又警励奋迅一番，不为无益。然终亦体认天理欠精明，涵养功夫断续耳。……要之，至理不能外是，而问者亦自有益，盖卓尔之地，必既竭吾才，而后见养深者自得之耳。良心易丧，习气难除，牛羊斧斤日以相寻，而知己又益渐远，言之心惊气咽，但得来人便，即须频惠教言，庶有所警发也。(《与湛甘泉》)

信中，阳明作了深切的自我批评：讲学“大拘隘”而“立一定之说”，甚或“自己用功悠游，而求之人者太急迫无叙”；修身则“平日自谓得力处，亦多尚杂于气”，所以，

“闻人毁谤辄动”，痛责自己“体认天理欠精明，涵养功夫断续”。最后，强调“良心易丧，习气难除”，希望能够得到甘泉的不吝惠教，持续论学。

二人的论学并没有因为甘泉的离去而中断。别后，他们时常通过书信论学，向对方汇报自身的修身体悟与治学心得。如正德七年（1512）五月，阳明收到甘泉的书信之后，答书一封，书中向甘泉汇报自己习气未除而笃下责志之功，“往时朝夕多相处，观感之益良多，然亦未免悠悠度日。至于我字亦欠体贴，近来始觉稍亲切，未知异时回看今日，当复何如耳。习气未除，此非细故，种种病原，皆从此发。究竟习气未除之源，却又只消责志。近与宗贤论此，极为痛切，兄以为何如耶？”（《与湛甘泉书二》，见《嘉靖增城县志》卷十七）

三、心犹镜

进京之后，阳明曾被任命为南京刑部四川清吏司主事之职，后因甘泉、久庵托乔宇转告即将接任吏部尚书的杨一清，终而将之调任吏部验封清吏司主事，继续留在京都。

阳明在京都的第一项工作，便是作为会试同考试官，参加了正德六年的会试批卷工作，录取了多名进士，这些年轻人后来大多成了他的弟子，如邹守益、毛宪、万潮、南大吉、应良、张鳌山、林有孚等。他们也时常参与阳明、甘泉、久庵三人的论学。一次，阳明在与久庵、应良论学之后，写了一封信给二人，信中将心喻为镜子，而强调在心上用功：

> 昨晚言似太多，然遇二君亦不得不多耳。其间以造诣未熟，言之未莹则有之，然却自是吾侪一段的实工夫。思之未合，请勿轻放过，当有豁然处也。圣人之心，纤翳自无所容，自不消磨刮。若常人之心，如斑垢驳杂之镜，须痛加刮磨一番，尽去其驳蚀，然后纤尘即见，才拂便去，亦自不消费力，到此已是识得仁体矣。若驳杂未去，其间固自有一点明处，尘埃之落，固亦见得，亦才拂便去。至于堆积于驳蚀之上，终弗之能见也。此学利、困勉之所由异。幸弗以为烦难而疑之也。凡人情好易而恶难，其间亦自有私意气习缠蔽，在识破后，自然不见其难矣。古之人至有出万死而乐为之者，亦见得耳。向时未见得向里面意思，此工夫自无可讲处。今已见此一层，却恐好易恶难，便流入禅释去也。昨论儒释之异，明道所谓"'敬以直内'则有之，'义以方外'则未，毕竟连'敬以直内'亦不是"者，已说到八九分矣。(《答黄宗贤应原忠》)

以镜喻心，以尘垢喻私欲习气，只要能够刮磨掉蒙蔽在心上的私欲习气，心自然如明镜，纤毫必见。这一譬喻实是建立在“心即理”的基础上的，正因为“心即理”，故而，但能去掉私欲习气，心之所发便莫不合理。心越清净，于外事外物的体认也就越清晰越真切。圣人之所以能够感而遂通，正是因为他们的心如明镜，无纤毫的尘垢。故知，在心上用功，实为成圣之学的关键。而心镜之喻，极易领会，可以令人一目了然。正因为便于理解，后来，王门诸子动辄喜云心镜之喻，如久庵在《赠林以吉侍御》中有云：

人心犹镜乎！垢翳之则失其明，明不现则昧于照。照之不精，明未足也，则务尽去其垢。

曰仁亦有曰：

心犹镜也。圣人心如明镜，常人心如昏镜。近世格物之说，如以镜照物，照上用功，不知镜尚昏在，何能照？先生之格物，如磨镜而使之明，磨上用功，明了后亦未尝废照。(《传习录上》)

四、别久庵

自从结盟共学之后，阳明与久庵论学日密，久庵对于阳明之教，“犹渴而饮，无弗入也”。时至正德七年（1512），久庵三年考满，便上疏告病返归天台。久庵告病而归的真实目的，是希望能够与阳明、甘泉归于山林，共论大道。

临别前，阳明作了一篇《别黄宗贤归天台序》，序中指出“君子之学，以明其心”，并讲述了久庵论学的前后变化：

> 君子之学，以明其心。其心本无昧也，而欲为之蔽，习为之害。故去蔽与害而明复，匪自外得也。心犹水也，污入之而流浊；犹鉴也，垢积之而光昧。孔子告颜渊“克己复礼为仁”，孟轲氏谓“万物皆备于我”“反身而诚”。夫己克而诚，固无待乎其外也。世儒既叛孔、孟之说，昧于《大学》“格致”之训，而徒务博乎其外，以求益乎其内，皆入污以求清，积垢以求明者也，弗可得已。守仁幼不知学，陷溺于邪僻者二十年。疾疢之余，求诸孔子、子思、孟轲之言，而恍若有见，其非守仁之能也。宗贤于我，自为童子，即知弃去举业，励志圣贤之学，循世儒之说而穷之，愈勤而益难，非宗贤之罪也。学之难易失得也有原，吾尝为宗贤言之。宗贤于吾言，犹渴

而饮，无弗入也，每见其溢于面。今既豁然，吾党之良，莫有及者。谢病去，不忍予别而需予言，夫言之而莫予听，倡之而莫予和，自今失吾助矣，吾则忍于宗贤之别而容无言乎？宗贤归矣，为我结庐天台、雁荡之间，吾将老焉，终不使宗贤之独往也。

据阳明之述，可知此时久庵已然成为他极其重要的助教。事实也是如此。在阳明与林有孚、张邦奇、汪渊等人论学的过程中，久庵都起到了很大的助推作用。如汪渊在从学阳明三个月后，赴大名县令任，久庵写了一篇《赠汪景颜》，重申了阳明之教：

子学于先生何耶？先生教子何耶？古者君子学道，即心无不通。且鸲鹆善巢，蜾蠃善房，人使之欤？抑生之然欤？子自谓二虫孰贤？子但尽子之心，坚子之志，则先生之道在子矣。予何言？予何言？

五、西樵问学

西樵，即方献夫，字叔贤，弘治十八年进士。阳明返归京都时，西樵已任吏部郎中，位在阳明之上，但他却能不耻下问，前来向阳明问学，执弟子礼。

> 是年，僚友方献夫受学。献夫时为吏部郎中，位在先生上，比闻论学，深自感悔，遂执贽事以师礼。（《年谱》）

正德六年秋冬之间，西樵便告病返归家乡，故知他问学阳明时间当不甚长，前后不足一年。但他在阳明这里受益颇深，阳明在《别方叔贤序》一文中讲述了西樵之学有三变：

> 予与叔贤处二年，见叔贤之学凡三变：始而尚辞，再变而讲说，又再变而慨然有志圣人之道。方其辞章之尚，于予若冰炭焉；讲说矣，则违合者半；及其有志圣人之道，而沛然于予同趣。将遂去之西樵山中，以成其志，叔贤亦可谓善变矣。圣人之学，以无我为本，而勇以成之。予始与叔贤为僚，叔贤以郎中故，事位吾上。及其学之每变，而礼予日恭，卒乃自称门生而待予以先觉。此非脱去世俗之见，超然于无我者，不能也。虽横渠子之勇撤皋比，亦何以加于此！独愧予之非其人，而何以当之！夫以叔贤之善变，而进之以无我之勇，其于

圣人之道也何有。斯道也，绝响于世余三百年矣。叔贤之美有若是，是以乐为吾党道之。

西樵之学，先后经历三变，终而变于“有志圣人之道”，应当便是在阳明之教下发生的。后来，西樵在《祭王阳明文》中也说：

某二十年前幸忝同官，得于先生之启发者为多，今犹跃然而在目。先生之心洞洞然应物无滞，先生之诚恳恳然与人惟一。……某尝屡有辩论，先生亦不以为非，而其意惟急于今之学者救病之药。

六、随需应教

阳明在京都，已俨然大家风范，教人往往能够因材施教，随需应变。如与林有孚论学，则劝勉其立圣人之志：

求圣人之学而弗成者，殆以志之弗立欤？天下之人，志轮而轮焉，志裘而裘焉，志巫医而巫医焉，志其事而弗成者，吾未之见也。轮、裘、巫医遍天下，求圣人之学者，间数百年而弗一二见，为其事之难欤？亦其志之难欤？弗志其事而能有成者，吾亦未之见也。林以吉将求圣人之事，过予而论学。予曰："子盍论子之志乎？志定矣，而后学可得而论。子闽也，将闽是求；而予言子以越之道路，弗之听也。予越也，将越是求，而子言予以闽之道路，弗之听也。夫久溺于流俗，而骤语以求圣人之事，其始也，必将有自馁而不敢当；已而旧习牵焉，又必有自眩而不能决；已而外议夺焉，又必有自沮而或以懈。夫馁而求有以胜之，眩而求有以信之，沮而求有以进之，吾见立志之难能也已。志立而学半，四子之言，圣人之学备矣。苟志立而于是乎求焉，其切磋讲明之益，以吉自取之，尚有其穷也哉？见素先生，子诸父也，子归而以予言正之，且以为何如？"（《赠林以吉归省序》）

以吉，有孚字。有孚是阳明老友林见素（俊）的侄儿，此时只是对圣人之学有所喜好而已，于是，阳明劝其先立定成圣之志。而对于沉湎于道家炼丹之说的徐祯卿，阳明则导之以尽性知命，终而使之超脱于生死之外：

正德庚午冬，阳明王守仁至京师，守仁故善数子，而亦尝没溺于仙、释，昌国喜，驰往省，与论摄形化气之术。……异日复来，论如初，守仁笑而不应，因留宿，曰："吾授异人五金八石之秘，服之冲举可得也，子且谓何？"守仁复笑而不应，乃曰："吾隳黜吾昔而游心高玄，塞兑敛华而灵株是固，斯亦去之竞竞于世远矣。而子犹余拒然，何也？"守仁复笑而不应，于是默然者久之，曰："子以予为非欤？抑又有所秘耶？夫居有者，不足以超无；践器者，非所以融道。吾将去知故而宅于埃壒之表，子其语我乎？"守仁曰："谓吾为有秘，道固无形也；谓吾谓子非，子未吾是也。虽然，试言之。夫去有以超无，无将奚超矣？外器以融道，道器为偶矣。而固未尝超乎！而固未尝融乎！夫盈虚消息，皆命也；纤巨内外，皆性也；隐微寂感，皆心也。存心尽性，顺夫命而已矣，而奚所趋舍于其间乎？"昌国首肯，良久曰："冲举有诸？"守仁曰："尽鸢之性者，可以冲于天矣；尽鱼之性者，可以泳于川矣。"曰："然则有之。"曰："尽人之性者，可以知化育矣。"昌国俯而思，蹶然而起曰："命之也！吾且为萌甲，吾且为流澌，子其煦然属我以阳春哉！"数日，复来谢曰："道果在是，而奚以外求！吾不遇子，几亡人矣。然吾疾且作，惧不足以致远，则何如？"守仁曰："悸乎？"曰："生，寄也；死，归也。何悸？"（《徐昌国墓志》）

昌国，祯卿字。祯卿再三相问，阳明再三笑而不应，以激发其反省，终而，为其指示“存心尽性，顺夫命而已”。心即理也，理即性也，存心即尽性，故知，养生在于存心而已。祯卿亦是聪慧过人，一闻即悟。

七、举扬陆学

在京都，阳明有着一次重要的论学，那就是与徐守诚辨析朱陆之学。先是徐守诚与王舆庵二人一主朱子学，一主象山学，相持不下，以至于引发意气之争。徐守诚便写信向阳明询问朱陆之异同，阳明观其来信，见二人之论，各执一偏，且双方都已有求胜之意，故而，劝他们“置心于公平正大之地，无务求胜”，“姑务养心息辩，毋遽”（《答徐成之一》）。不料守诚不但没有“养心息辩”，反而来信指责阳明“漫为两解之说以阴助舆庵”，阳明在答信中再次指出徐、王二人论朱子、象山之学的偏失，并索性借此机会大阐“尽心”之学，且表达了自己久欲举扬象山之学的意图：

夫君子之论学，要在得之于心。众皆以为是，苟求之心而未会焉，未敢以为是也；众皆以为非，苟求之心而有契焉，未敢以为非也。心也者，吾所得于天之理也，无间于天人，无分于古今。苟尽吾心以求焉，则不中不远矣。学也者，求以尽吾心也。是故“尊德性而道问学”，尊者，尊此者也；道者，道此者也。不得于心而惟外信于人以为学，乌在其为学也已！仆尝以为晦庵之与象山，虽其所为学者若有不同，而要皆不失为圣人之徒。今晦庵之学，天下之人童而习之，既已入人之深，有不容于论辩者。而独惟象山之学，则以其尝与晦庵之有言，而遂藩篱之。使若由、赐之殊科焉，则可矣，而遂摈放废斥，若碔砆之与美玉，则岂不过甚矣乎？夫晦庵折衷群儒之说，以发明六经、《语》《孟》之旨于天下，其嘉惠后学之心，真有不可得而议者。而象山辨义利之分，立大本，求放心，以示后学笃实为己之道，其功亦宁可得而尽诬之！而世之儒者附和雷同，不究其实，而概目之以禅学，则诚可冤也已！故仆尝欲冒天下之讥，以为象山一暴其说，虽以此得罪，无恨。仆于晦庵亦有罔极之恩，岂欲操戈而入室者？顾晦庵之学，既已若日星之章明于天下，而象山独蒙无实之诬，于今且四百年，莫有为之一洗者，使晦庵有知，将亦不能一日安享于庙庑之间矣。此仆之至情，终亦必为吾兄一吐者，亦何肯“漫为两解之说以阴助于舆庵”？舆庵之说，仆犹恨其有未尽也。（《答徐成之二》）

“学也者，求以尽吾心也”，阳明“心学”已是昭然若揭。然而，诚如阳明所说，他“于晦庵亦有罔极之恩”，故而，他力求调和“尽心”之学与朱子学，《紫阳书院集序》可谓是他最初的努力。徽州知府熊桂（世芳）修建紫阳书院，书院建成之后，学子程曾“集书院之故”，刻成之后，另一位学子毕珊远赴京师，请阳明撰序，阳明借此机会以“发明朱子未尽之意”，而所谓“朱子未尽之意”，则为“求放心”之学：

> 是故君子之学，惟求得其心，虽至于位天地，育万物，未有出于吾心之外也。孟氏所谓“学问之道无他，求其放心而已矣”者，一言以蔽之。故博学者，学此者也；审问者，问此者也；慎思者，思此者也；明辨者，辨此者也；笃行者，行此者也。心外无事，心外无理，故心外无学。是故于父子尽吾心之仁，于君臣尽吾心之义；言吾心之忠信，行吾心之笃敬；惩心忿，窒心欲，迁心善，改心过；处事接物，无所往而非求尽吾心以自慊也。譬之植焉，心，其根也；学也者，其培拥之者也，灌溉之者也，扶植而删锄之者也，无非有事于根焉耳已。朱子白鹿之规，首之以五教之目，次之以为学之方，又次之以处事、接物之要，若各为一事而不相蒙者，斯殆

朱子平日之意，所谓随时精察而力行之，庶几一旦贯通之妙也欤？然而世之学者，往往遂失之支离琐屑，色庄外驰，而流入于口耳声利之习。岂朱子之教使然哉？故吾因诸士之请，而特原其本以相勖，庶几乎操存讲习之有要，亦所以发明朱子未尽之意也。

此文当为阳明日后编撰《朱子晚年定论》之滥觞。

八、《传习录》的雏形

正德七年（1512）六月，曰仁知祁州任三年考满进京，抵达京城后，立即投入与阳明的论学。曰仁是阳明的妹夫，早在阳明赴龙场之谪前便已师事阳明。此番在京都，几乎随侍阳明身边，朝夕闻教，得益极大。在此过程中，曰仁记录了一些阳明讲学语录，这些语录成了《传习录》的雏形。今《传习录》上卷分别为曰仁、陆澄、薛侃三人所录，曰仁所录的十四条，除却一、二数条讨论《大学》者，当是他与阳明同舟归越时所录，其余则大多为曰仁在京都时所记，或许亦会有少许为阳明在滁州与南都时的论学之语。绪山《年谱》有曰：

> 爱是年以祁州知州考满进京，升南京工部员外郎。与先生同舟归越，论《大学》宗旨，闻之踊跃痛快，如狂如醒者数日，胸中混沌复开，仰思尧、舜、三王、孔、孟千圣立言，人各不同，其旨则一。今之《传习录》所载首卷是也。

依绪山之言，则曰仁所录者，皆为二人同归途中舟上所论。当有误。观今《传习录》上卷曰仁所录十四条，论《大学》者，为一、二、六、七、八诸条，其余诸条，则或论“心即理”，或论“知行合一”，或论“心”，或论文中子。其中第四条所记乃由郑朝朔所问，朝朔问学，乃是在京师，有阳明祭文作证：

> 辛未之冬，朝于京师。君为御史，余留铨司。君因世杰，谬予是资。予辞不获，抗颜以尸。君尝问予：“圣学可至？”余曰：“然哉！克念则是。”隐辞奥义，相与剖析；探本穷源，夜以继日。君喜谓予：“昔迷今悟，昔陷多歧，今由大路。”（《祭郑朝朔文》）

第五条论“知行合一”，曰仁又有云“与宗贤、惟贤往复辩论”，宗贤即久庵，惟贤即顾应祥，久庵、惟贤问学也是在京师。曰仁所录大多为阳明于京都论学时的语录，当无疑也。曰仁所录，虽然仅仅十四条，却皆为阳明学的核心，如“心即理”“知行合一”“格物”，乃至“良知”（第八条），“甚至被后人视为《传习录》的经典部分”（吴震语）。正德十三年（1518）五月，曰仁不幸病逝，薛侃收集曰仁遗录，加上陆澄与自己所录各一卷，刊刻于虔州，也就是今《传习录》的上卷。

曰仁所录，可谓《传习录》的雏形，日后无论是薛侃，还是南大吉，抑或钱绪山，之所以会刊刻《传习录》，都是本于曰仁的最初一念。曰仁之功，可谓大矣！

在阳明讲学论道誉满京华，前来问学的门人弟子日渐增多的同时，朝廷也在发生着变化。武宗独断专权，任意妄为，随意打压朝臣，使得朝廷上空蒙着一层乌云，正直的朝臣几乎无法立足。阳明、甘泉、久庵三人都深感此时不是有为之时，于是同生退意，拟退隐山林，相与论学。正德六年九月，甘泉因受命出使安南，提前离朝；正德七年九月，久庵也告病返归天台。阳明则早在正德七年二月便曾上告病归养疏，却为时任吏部尚书的杨一清劝阻，并在三月升其为吏部考功清吏司郎中。不得已，阳明便改作他图，于是，他在十月上了一道《自劾不职以明圣治事疏》，疏中自陈三大罪：一为

“不能备言天下汹汹之情，以悟陛下”，二为“不能力劝陛下蓄精养神，以衍皇储之庆，思患预防，以为燕翼之谋”，三为“不能备陈至乐，以易陛下之所好”。很显然，这是以退为进，讽谏武宗，武宗看后，怒火中烧，然而，介于阳明已经自劾，不好发作，但是，如此之人是万万不能再留在京都了，于是，便顺应阳明“正臣等不职之罪”的请求，改除南京太仆寺少卿，并命其即刻离京。

第八章　南都讲学

一、返乡途中

在朝廷授阳明南京太仆寺少卿的同时，适好曰仁也被任命为南京工部员外郎，于是，两人同舟南行。两人并没有急着去南都赴任，而是先行归越省亲。千里迢迢的归途中，两人论学不停，此番论学的核心乃是“《大学》宗旨”，“（曰仁）与先生同舟归越，论《大学》宗旨”（《年谱》），途中论学对曰仁产生了莫大冲击。后来，在编撰《传习录》时，他记下了这番感受：

> 先生于《大学》“格物”诸说，悉以旧本为正，盖先儒所谓“误本”者也。爱始闻而骇，既而疑，已而殚精竭思，参互错综以质于先生，然后知先生之说若水之寒，

若火之热，断断乎“百世以俟圣人而不惑”者也。(《传习录上》)

此番论学，可以视为阳明发扬《大学》古本的前奏。

途经徐州时，阳明去见了旧识胡伯忠，相与论学，后来，阳明在给胡伯忠的信中说“正人难得，正学难明，流俗难变，直道难容”。对于阳明而言，最关注的恐怕是“正学难明”。

阳明、曰仁一路南归，先后经过了南都、毗陵(今常州)、无锡、苏州等地，一路上，不断有学人前来问学，如曰仁的同年，时任嘉定县令的王应鹏便赶到苏州，向阳明问学，阳明作了一篇《书王天宇卷》，指示君子之学，以“诚”为本：

……予不敢虚，则为诵古人之言曰：“圣，诚而已矣。”君子之学以诚身。格物致知者，立诚之功也。譬之植焉，诚，其根也；格致，其培壅而灌溉之者也。

“圣，诚而已矣”，乃是濂溪《通书》中语。

二、居乡

正德八年(1513)二月，阳明、曰仁抵达绍兴。返乡后，阳明原本想与曰仁一起去游天台、雁荡，与久庵相聚，却因为“宗族亲友相牵绊”而不得成行。其后，他又去信邀约久庵前来同游四明诸景，可是，等了数月，久庵不至，到了五月底，阳明便与曰仁及数友“从上虞入四明，观白水，寻龙溪之源；登杖锡，至于雪窦，上千丈岩，以望天姥、华顶”。原本阳明兴致颇高，拟奔走雁荡，与久庵一聚，“欲遂从奉化取道至赤城”，可是干旱令他兴致全无，黯然返归。“适彼中多旱，山田尽龟裂，道傍人家彷徨望雨，意惨然不乐，遂从宁波买舟还余姚。”此番未能见到久庵，令阳明深感遗憾，他在信中说：“往返亦半月余，相从诸友亦微有所得，然无大发明。其最所歉然，宗贤不同兹行耳。”（《与黄宗贤书二》）

阳明在家乡待了约八个月，期间，越中学子前来问学不辍。阳明见诸生往往志尚未立，远未能够摆脱功利之惑，于是，不厌其烦，劝人立志。如一位名叫黄宗明的士子前来问学，阳明在给他的临别赠言中便说：

> 立志之说，已近烦渎，然为知己言，竟亦不能舍是也。志于道德者，功名不足以累其心；志于功名者，富贵不足以累其心。但近世所谓道德，功名而已；所谓功名，富贵而已。“仁人者，正其谊不谋其利，明其道不

计其功”，一有谋计之心，则虽正谊、明道，亦功利耳。（《与黄诚甫书一》）

前来问学的越中学子中，当算余姚徐天泽体悟最深。天泽是弘治十五年进士，本是一位程朱学者，正德七年遭劾返乡。得知阳明回到绍兴，便前来问学，很快便领悟了阳明之教，感叹道：“吾生平劳精竭虑，博求于外，今反诸吾心，坦然有余也。”

阳明还在家乡过了四十二周岁生日。阳明的诞辰日是九月三十日，该日，曰仁作了一首贺诗：

水落江湖秋气清，仙舟忽动紫鸾笙。
本来超出风尘客，漫道循环甲子更。
绝学争新瞻北斗，遥天更喜焕南星。
天将兴道多情在，海岳还教起凤鸣。（《九月晦舟中值阳明寿日赋以佑觞》）

据“绝学争新瞻北斗，遥天更喜焕南星”联语，可见曰仁视阳明为绝学的继承人，并将他推举为照耀群星的泰山北斗。而阳明讲学，便是“凤鸣”，必将“兴道”。

三、滁州之教

十月下旬，阳明抵达滁州。南京太仆寺设在离南都不远的滁州，是一个管理马政的专署机构，隶属于兵部。太仆寺设有少卿两名，各司其职。阳明的职责主要是监督马政，并革除马政积弊。这点工作对于阳明来说，可谓手到擒来，近乎是闲职，于是，他将更多的时间用于讲学、论学。

在滁州，阳明之教，要在两点，其一为劝人立志，其二则为静坐。

劝人立志，是因为“有志者少”。而志不立，学便不明，“学之不明已非一日，皆由有志者少”（《与戴子良》）。教人静坐，则是因为“昔居滁时，见诸生多务知解，口耳异同，无益于得”，于是，“姑教之静坐”（《传习录下》）。目的与在辰州教诸生静坐相似，“补小学收放心一段工夫”。阳明时常率领门人至龙潭、梧桐冈等地静坐，有诗为证：

才看庭树玉森森，忽漫阶除已许深。
但得诸生通夕坐，不妨老子半酣吟。
琼花入座能欺酒，冰溜垂檐欲堕针。
却忆征南诸将士，未禁寒夜铁衣沉。（《栖云楼坐雪二首》其一）

栖云楼在龙潭。“但得诸生通夕坐”，即是阳明对诸生的期望。对于体认心体，静坐颇为有效，然而，一味静坐，也会有流弊，滁州诸生便是如此。“一时，窥见光景，颇收近效。久之，渐有喜静厌动、流入枯槁之病。”（《传习录下》）于是，阳明开始思考改变教法，待他到南都之时，便已不再单单提倡静坐，而是更加注重“省察克治”的“克己”之教。

在滁州，阳明最成功的教学成果，当算汪玉。汪玉，字汝成，在归省途中经过滁州，前来向阳明问学，阳明同他进行了十数番讲论，最后又日夜讲论不辍，终于使得他脱然有悟：

> 予于汝成“格物致知”之说、“博文约礼”之说、“博学笃行”之说、“一贯忠恕”之说，盖不独一论再论，五六论、数十论不止矣。汝成于吾言，始而骇以拂，既而疑焉，又既而大疑焉，又既而稍释焉，而稍喜焉，而又疑焉。最后与予游于玉泉，盖论之连日夜，而始快然以释，油然以喜，冥然以契。不知予言之非汝成也？不知汝成之言非予言也？於戏！若汝成，可谓不苟同于予，亦非苟异于予者矣。（《书汪汝成格物卷》）

四、滁阳之会与文山之忠

正德九年（1514）二月，甘泉出使安南返归，途经南都，特意绕道滁州与阳明论学，两人主要就儒释之异同展开了讨论，“阳明公迁贰南太仆，聚徒讲学，有声。甘泉子还，期会于滁阳之间，夜论儒释之道”（《墓志铭》）。后来，甘泉重来滁阳，追忆此番相聚，作《过滁感旧作》，其中也说：“遵途出滁阳，望望琅琊山。昔日阳明子，相期共跻攀。寂寞卧山房，共话儒释言。”

经过龙场悟道，阳明对于儒释之异同自然了然于心，这一点在他赠王嘉秀、萧琦二子告归之诗中可见一斑：

王生兼养生，萧生颇慕禅。
迢迢数千里，拜我滁山前。
吾道既匪佛，吾学亦匪仙。
坦然由简易，日用匪深玄。（《门人王嘉秀实夫萧琦子玉告归书此见别意兼寄声辰阳诸贤》节选）

三月，太仆少卿文森刻《文山别集》，文山，即文天祥。文山是庐陵人，阳明又曾任庐陵知县，故而，文森请阳明为此集作序。文山之忠，感天动地，阳明以尽心释文山之忠，并指出文山之文字悉皆在于教人以忠：

古之君子之忠于其君，求尽吾心焉以自慊而已，亦岂屑屑言之，以蕲知于世？然而仁人之心忠于其君，亦欲夫人之忠于其君也。忠于其君，则尽心焉已。欲夫人忠于其君，而思以吾之忠于其君者启其良心，固有人弗及知之者，非自言之，何由以及人乎？斯先生之所为自述，将以教世之忠也。(《文山别集序》)

以尽心释文山之忠，可谓抓住了要领，故而，阳明颇为自得地说："吾于是集之序，无愧辞耳矣！"

正德九年（1514）三月，朝廷突然改除阳明南京鸿胪寺卿。四月，阳明赴南都，开始了南都讲学。离开滁州时，滁州学子们依依不舍，一直将阳明送至乌衣渡，依旧舍不得离别。阳明作了一首告别诗，劝诸生"崇令德"，立根本，做有本源的泉水：

滁阳别诸友

滁阳诸友从游，送予至乌衣，不能别，及暮，王性甫汝德诸友送至江浦，必留居，俟予渡江。因书此促之归，并寄诸贤，庶几共进此学，以慰离索耳。

滁之水，入江流，
江潮日复来滁州，
相思若潮水，来往何时休？
空相思，亦何益？
欲慰相思情，不如崇令德；
掘地见泉水，随处无弗得。
何必驱驰为？千里远相即。
君不见，尧羹与舜墙；
又不见，孔与跖，对面不相识。
逆旅主人多殷勤，
出门转盼成路人。

五、得二佳门生

阳明的南都岁月，可以概括为：得二佳门生——陆澄与薛侃；成三件要事——确定自己的“格物说”、正式提出心学，以及编撰《朱子晚年定论》。

五月，阳明抵达南都，时曰仁任南京工部员外郎，两人自然时常相与论学。与此同时，门人日进。于新进诸弟子中，阳明最为器重的是陆澄和薛侃，后来，他曾在给顾应祥的书信中不吝赞二人为佳士：“陆（澄）与潮人薛侃皆来南都从学，二子并佳士。”（《与顾惟贤》）陆澄，字原静，归安人。薛侃，字尚谦，揭阳人。二人皆因会试下第前来南都拜谒阳明，其后，同时留在南都受教，前后近两年。期间，他们记录了大量的阳明讲学语录，《传习录》上的第二、三部分，即为二人所记，从中可见阳明在南都时的教学宗旨。薛侃后来还成为第一个刻印《传习录》的人。

陆澄问学阳明，与曰仁、汪玉一般，经历了骇而疑，疑而后信的过程。阳明在《赠陆清伯归省序》中记述了这一个过程：

> ……澄闻夫子之教而茫然，已而歆然，忽耿然而疑，已而大疑焉，又闪然大骇，乃忽闯然若有睹也。

曰仁则详述了阳明对于陆澄的谆谆之教：

> 先定之以立志，次培之以濯□，见乃密之以存养省察之功。自天地之变化，群言之同异，虽靡所不辩，而恒化□以不言之教。久之，清伯怃然曰："微夫子，几不丧吾生。"（《送陆子清伯行序》）

薛侃与陆澄同时前来问学，因其“质仆而美全”，故能在听闻阳明日常讲学之中逐渐有悟，可谓禀赋异常。观其所记语录，可知其所得益处，要在阳明“诚意”之教。如一次阳明与薛侃论去花间之草，由“如好好色，如恶恶臭”讲到“诚意”：

> 却是诚意，不是私意。诚意只是循天理。虽是循天理，亦着不得一分意，故有所忿懥、好乐，则不得其正。须是廓然大公，方是心之本体。（《传习录上》）

六、南都之教

立志是为学之本，对于初学而言，立志如何强调都不为过。故而，在南都，阳明继续强调立志。如在送郭庆归省黄冈之时，阳明写了一篇《赠郭善甫归省序》，其中喻志为种子：

> 君子之于学也，犹农夫之于田也，既善其嘉种矣，又深耕易耨，去其蝥莠，时其灌溉，早作而夜思，皇皇惟嘉种之是忧也，而后可望于有秋。夫志，犹种也，学、问、思、辩而笃行之，是耕耨、灌溉以求于有秋也。志之弗端，是荑稗也。志端矣，而功之弗继，是五谷之弗

熟，弗如荑稗也。吾尝见子之求嘉种矣，然犹惧其或荑稗也；见子之勤耕耨矣，然犹惧其荑稗之弗如也。夫农，春种而秋成，时也。由志学而至于立，自春而徂夏也，由立而至于不惑，去夏而秋矣。已过其时，犹种之未定，不亦大可惧乎？过时之学，非人一已百，未之敢望，而犹或作辍焉，不亦大可哀乎？从吾游者众矣，虽开说之多，未有出于立志者。故吾于子之行，卒不能舍是而别有所说，子亦可以无疑于用力之方矣。

而弟弟守文来学，阳明也是“告之以立志”，并写了《示弟立志说》一文，该文是论述立志的名篇：

夫学，莫先于立志。志之不立，犹不种其根而徒事培拥灌溉，劳苦无成矣。世之所以因循苟且，随俗习非，而卒归于污下者，凡以志之弗立也。故程子曰：“有求为圣人之志，然后可与共学。”人苟诚有求为圣人之志，则必思圣人之所以为圣人者安在？非以其心之纯乎天理而无人欲之私欤？圣人之所以为圣人，惟以其心之纯乎天理而无人欲，则我之欲为圣人，亦惟在于此心之纯乎天理而无人欲耳。欲此心之纯乎天理而无人欲，则必去人欲而存天理。务去人欲而存天理，则必求所以去人欲而存天理之方。求所以去人欲而存天理之方，则必正诸先觉，考诸古训，而凡所谓学问之功者，然后可得而讲，而亦有所不容已矣。……夫立志亦不易矣。孔子，圣人也，犹曰："吾十有五而志于学，三十而立。"立者，志立也。虽至于"不逾矩"，亦志之不逾矩也。志岂可易而视哉！夫志，气之帅也，人之命也，木之根也，水之源也。源不浚则流息，根不植则木枯，命不续则人死，志不立则气昏。是以君子之学，无时无处而不以立志为事。正目而视之，无他见也；倾耳而听之，无他闻也。如猫捕鼠，如鸡覆卵，精神心思凝聚融结，而不复知有其他，然后此志常立，神气清明，义理昭著。一有私欲，即便知觉，自然容住不得矣。故凡一毫私欲之萌，只责此志不立，即私欲便退；听一毫客气之动，只责此志不立，即客气便消除。或怠心生，责此志，即不怠；忽心生，责此志，即不忽；懆心生，责此志，即不懆；妒心生，责此志，即不妒；忿心生，责此志，即不忿；贪心生，责此志，即不贪；傲心生，责此志，即不傲；吝心生，责此志，即不吝。盖无一息而非立志、责志之时，无一事而非立志、责志之地。故责志之功，其于去人欲，有如烈火之燎毛，太阳一出，而魍魉潜消也。……后世大患，尤在无志。故今以立志为说，中间字字句句，莫非立志。盖终身问学之功，只是立得志而已。

与此同时，阳明反省滁州教学静坐的流弊，开始提倡“克己”。“克己”乃是孔子之教：颜渊问仁，子曰：“克己复礼为仁。一日克己复礼，天下归仁焉。为仁由己，而由人乎哉？”（《论语·颜渊第十二》）“克己”所克的己，乃为妄己。阳明有云：“君子之学，为己之学也。为己故必克己，克己则无己。无己者，无我也。世之学者执其自私自利之心，而自任以为为己。”（《书王嘉秀请益卷》）而要“克己”，就需要下“省察克治”的工夫，举凡省察得本于妄己的私欲，随即克治。私欲克尽，自然纯乎天理。这就是“去人欲，存天理”。故而，阳明曾自述其在南都论学，只是教学者“存天理，去人欲”（《年谱》）。与此同时，针对诸多学子疏于实行，阳明反复提撕他们要“着实用功”。

对于已见大本之人，阳明则以“立诚”为教：

仆近时与朋友论学，惟说“立诚”二字。杀人须就咽喉上着刀，吾人为学，当从心髓入微处用力，自然笃实光辉。虽私欲之萌，真是洪炉点雪，天下之大本立矣。（《与黄宗贤书五》）

诚即无妄，“立诚”则时时无妄，也即时时循于天理，这就是孟子所谓“必有事焉”的工夫。只是唯有“先立乎其大”者，方能“立诚”。若是常人，则通常难免会以妄为诚。

七、阳明的“格物说”

正德十年（1515）二月，甘泉丁母忧，南归时，途经南都，阳明迎至龙江关，二人有了龙江之会。龙江之会，二人主要讨论了阳明的“格物说”。阳明龙场悟道，“大悟格物致知之旨”，然而，并没有找到确切的表述。其后，阳明对新本《大学》亦即朱子《大学章句》进行了反思，认为其中所述绝非圣贤本意，故而，提倡旧本。返越途中，阳明曾在曰仁的请问下，作过颇多论述（见《传习录》上）。此番相会，阳明不但提倡《古本大学》，并且确切地提出了自己的“格物说”。阳明的“格物说”，有两个特点：

一、将“格物”的“格”理解为正：问格物，先生曰：“格者，正也，正其不正以归于正也。”（《传习录上》）于是，“格物”成了正物。

二、将“物”理解为“意之所在”：“身之主宰便是心，心之所发便是意，意之本体便是知，意之所在便是物。”（同上）

这里需要略略分析一下：阳明提出“意之所在便是物”，乃是以物指事。其目的在于纠正常人的误解，常人总认为所应之物是一个对象，其实不然，举凡应物便已是事，而意之所在便是应物这件事。所以，他说：“意之所用，必有其物，物即事也。如意用于事亲，即事亲为一物……”（《传习录中》）在阳明的教导下，曰仁也体认到“物即是事”：“爱昨晚思格物的‘物’字，即是‘事’字，皆从心上说。”（《传习录上》）阳明所谓“心外无物”的“物”也是事。应物自然应当成物——做到物各付物，而要成物，就需要知晓其中的是非，是的则为之，非的则去之，终而成物。由此可见，“格物”的工夫全在心上，这就是阳明的“格物说”。

阳明的“格物说”，乃是建立在“心即理”的基础上的。因为“心即理”，故而，心在应物时能够知是知非，人们只要顺着心所知的是非去落实，即可成物。后来，阳明在《答顾东桥书》中曾明示自己的“格物致知说”：

> 所谓致知格物者，致吾心之良知于事事物物也。吾心之良知，即所谓天理也。致吾心良知之天理于事事物物，则事事物物皆得其理矣。致吾心之良知者，致知也；事事物物皆得其理者，格物也。

所谓良知，即本心之知。故知，“格物”即正物，即成物——事事物物皆得其理。

如此一来，“格物”成了本于天理成物，而不再是“体认天理”的方法，这与甘泉“随处体认天理”的论学宗旨就有了冲突，因此，两人的此番相会并不甚相契。甘泉在信中对阳明说：

> 昨承面谕《大学》格物之义，以物为心意之所着，荷教多矣。但不肖平日所以受益于兄者，尚多不在此也。兄意只恐人舍心求之于外，故有是说。不肖则以为人心与天地万物为一体，心体物而不遗，认得心体广大，则物不能外矣。故格物非在外也，格之致之之心又非在外也，于物若以为心意之着现，恐不免有外物之病。幸更思之。(《先次与阳明鸿胪》)

不得不说，甘泉抓住了阳明的心理——“恐人舍心求之于外”，正因为此，阳明才会动辄批评程朱“即物穷理”之说。然而，他并没有真正领会阳明所谓的“意之所在便是物”。当时，陈九川初见阳明，适好看到了阳明与甘泉的争论：

> 正德乙亥，九川初见先生于龙江。先生与甘泉先生论格物之说，甘泉持旧说，先生曰："是求之于外了。"甘泉曰："若以格物理为外，是自小其心也。"（《传习录下》）

总而言之，龙江之会，阳明明确提出了自己的"格物说"，但是并没有得到甘泉的认可。

八、正式提出"心学"

尽管在京都时，"心学"已经昭然若揭，然而，阳明正式提出"心学"却是在南都。先是应天府府尹白圻重修应天府儒学，遣二子前来拜阳明为师，并请他为新修儒学作记。在这篇记文中，阳明直接指明"圣贤之学，心学也"：

> 士之学也，以学为圣贤，圣贤之学，心学也。道德以为之地，忠信以为之基，仁以为宅，义以为路，礼以为门，廉耻以为垣墙，六经以为户牖，四子以为阶梯。求之于心而无假于雕饰也，其功不亦简乎？措之于行而无所不该也，其用不亦大乎？（《应天府重修儒学记》）

正德十年七月，白沙弟子监察御史杨景瑞（琠）邀阳明为自己的书房——谨斋作记，阳明在该记中再次指出“君子之学，心学也”：

君子之学，心学也。心，性也；性，天也。圣人之心纯乎天理，故无事于学。下是，则心有不存而汩其性，丧其天矣，故必学以存其心。学以存其心者，何求哉？求诸其心而已矣。求诸其心，何为哉？谨守其心而已矣。博学也，审问也，慎思也，明辩也，笃行也，皆谨守其心之功也。谨守其心者，无声之中而常若闻焉，无形之中而常若睹焉。故倾耳而听之，惟恐其或缪也；注目而视之，惟恐其或逸也。是故至微而显，至隐而见，善恶之萌而纤毫莫遁，由其能谨也。谨则存，存则明，明则其察之也精，其存之也一。昧焉而弗知，过焉而弗觉，弗之谨也已。故谨守其心，于其善之萌焉，若食之充饱也；若抱赤子而履春冰，惟恐其或陷也；若捧万金之璧而临千仞之崖，惟恐其或坠也。其不善之萌焉，若鸩毒之投于羹也，若虎蛇横集而思所以避之也，若盗贼之侵陵而思所以胜之也。古之君子所以凝至道而成盛德，未有不由于斯者。虽尧、舜、文王之圣，然且兢兢业业，而况于学者乎？后之言学者，舍心而外求，是以支离决

裂，愈难而愈远，吾甚悲焉！（《谨斋说》）

至此，后世所谓的“阳明心学”便正式问世了。最可诧异者，则是后世皆以阳明心学与程朱理学为对立，依据则为一个主张“心即理”，一个主张“性即理”，却不见阳明反复强调“心，性也”，心即是性，性即是理，心学即性学，心学即理学。阳明学与朱子学的分歧实不在“心即理”与“性即理”，而在于他误解了朱子“即物穷理”之说，将之视为单纯的“求理于外事外物”，如此一来，自然与“心即理”而求理于心相违背。其实，程朱深知万事万物皆为生生之理的呈现，故而，“物我一理，才明彼，即晓此，此合内外之道也”（《河南程氏遗书》）。然而，阳明狃于自己的错误理解，执着于程朱剖心物为二，“伊川所云‘才明彼，即晓此’，是犹谓之二”（《与王纯甫二》）。其实，从究竟意义上而言，“心外无理”，应事应物时，自然应当在心上体究，然而，却又不应该全然摈弃事物，而单单地在心上体究。如事父，当就事父一事到心上去体究事父的理，总不成不管事父而单单地到心上去体究理，更不可能到他事（如忠君等）上去体究事父的理，毕竟一件事有一件事的理。程朱“即物穷理”正是如此，即一物便到心上去穷究该物的理，终而于物理无不到，而吾心之用无不明也。其实，阳明所说也是如此：

> 且如事父，不成去父上求个孝的理？事君，不成去君上求个忠的理？交友、治民，不成去友上、民上求个信与仁的理？都只在此心。心即理也，此心无私欲之蔽，即是天理，不须外面添一分。以此纯乎天理之心，发之事父便是孝，发之事君便是忠，发之交友、治民便是信与仁。只在此心去人欲、存天理上用功便是。（《传习录上》）

心外无理，事父，固然不可到父上求个孝的理，然而，到心上去求事父的理，也不可以脱离事父一事。同样，事君、交友、治民皆然。所以，阳明心学与程朱理学在本体论（性即理）上并无冲突，冲突在于工夫论。一个由内而外，一个由外而内，终而，皆可“合外内为一”。

如此一分析，便知程朱注重由外而内，阳明则注重由内而外，终而，皆为合外内之道。两者可谓殊途同归。然而，要在善学。若于程朱之教，不明其由外而内之意，而止于体究外事外物之理，则终难入于圣学之门。而于阳明之教，不明其由内而外，徒知存心，不能应物，则难免会陷溺于沉寂而无用于世。

九、编撰《朱子晚年定论》

虽然阳明到了南都，方才正式提出“心学”，然而，在京都、滁州之时，“心学”便已经昭然若揭，引发了诸多执守朱子“即物穷理”之教的学者的关注。一场关于“求理于事物”与“心即理”的辩论势必不可避免。在滁州时，阳明旧日的弟子王道率先写来一封信，进行发难。阳明毫不客气地批评了他，并进一步重申了“心外无物，心外无事，心外无理，心外无义，心外无善”：

> ……纯甫平日徒知存心之说，而未尝实加克治之功，故未能动静合一，而遇事辄有纷扰之患。今乃能推究若此，必以渐悟往日之堕空虚矣。故曰纯甫近来用功得力处在此。然已失之支离外驰而不觉矣。夫心主于身，性具于心，善原于性，孟子之言“性善”是也。善即吾之性，无形体可指，无方所可定，夫岂自为一物，可从何处得来者乎？故曰受病处亦在此。纯甫之意，盖未察夫圣门之实学，而尚狃于后世之训诂，以为事事物物各有至善，必须从事事物物求个至善，而后谓之明善，故有“原从何处得来，今在何处”之语。纯甫之心，殆亦疑我之或堕于空虚也，故假是说以发我之蔽。吾亦非不知感

纯甫此意，其实不然也。夫在物为理，处物为义，在性为善，因所指而异其名，实皆吾之心也。心外无物，心外无事，心外无理，心外无义，心外无善。吾心之处事物，纯乎理而无人伪之杂，谓之善，非在事物有定所之可求也。处物为义，是吾心之得其宜也，义非在外可袭而取也。格者，格此也；致者，致此也。必曰“事事物物上求个至善”，是离而二之也。伊川所云“才用（当为明）彼，即晓此”，是犹谓之二。性无彼此，理无彼此，善无彼此也。……且纯甫之意，必以明善自有明善之功，诚身又有诚身之功也。若区区之意，则以明善为诚身之功也。夫诚者，无妄之谓。诚身之诚，则欲其无妄之谓。诚之之功，则明善是也。故博学者，学此也；审问者，问此也；慎思者，思此也；明辩者，辩此也；笃行者，行此也。皆所以明善而为诚之之功也。故诚身有道，明善者，诚身之道也；不明乎善，不诚乎身矣。非明善之外，别有所谓诚身之功也。诚身之始，身犹未诚也，故谓之明善；明善之极，则身诚矣。若谓自有明善之功，又有诚身之功，是离而二之也，难乎免于毫厘千里之谬矣。（《与王纯甫二》）

面对阳明的批评和辩述，王道避而不答。但是，这场争论并没有结束。到南都之后，阳明大阐“心学”，言辞间往往竭力斥责“求理于外事外物”，于是，一时间引得南都程朱学者的环而攻之：

> 留都时，偶因饶舌，遂致多口，攻之者环四面。（《与安之》）

正是在这样的情势之下，阳明忽然思来，以朱子大贤，动辄云“心统性情”，又怎么会不明白“心外无理”？怎么会不知道“求理于心”？于是，他重新检阅朱子之书，终而发现朱子也曾注重心上工夫，就此灵机一动，编撰了《朱子晚年定论》，以期制止纷争，且借此告示同仁，自己的学问在本质上与朱子是相同的。出乎阳明意料的是，《朱子晚年定论》不但没有能够平息纷争，反而引发了更多的争议，一时间，攻之者汹汹而至，或以阳明所谓“晚年”不确，因为他所摘取的，实有朱子中年甚或早岁之言；或以阳明偷天换日，混朱子学为象山学；或斥阳明轻狂无识；甚至有人认为阳明“专择其（指朱子）不好处来说，岂不是偏耶？”（夏尚朴《滁州省愆录》转述王钦佩语）细观诸论，除却罗钦顺的辩说尚算有理有据外（《传习录中》载有阳明答罗钦顺书），大多数人都被愤怒冲昏了头脑，所为皆为意气之争，并没有体会到阳明的真实意图。一次程朱学与陆王学相融合的机会，因为诸人的偏执丧失了，不但如此，还使得后世的程朱学与陆王学分裂更深，争执愈烈。至今思来，亦可叹哉！

后来，阳明曾撰成《朱子晚年定论序》，从中或可略窥其用心：

> 间尝以此语同志，而闻者竞相非议，自以为立异好奇，虽每痛反深抑，务自搜剔斑瑕，而愈益精明的确，洞然无复可疑，独于朱子之说有相牴牾，恒疚于心。切疑朱子之贤，而岂其于此尚有未察？及官留都，复取朱子之书而检求之，然后知其晚岁固已大悟旧说之非，痛悔极艾，至以为自诳诳人之罪不可胜赎。世之所传《集注》《或问》之类，乃其中年未定之说，自咎以为旧本之误，思改正而未及。而其诸《语类》之属，又其门人挟胜心以附己见，固于朱子平日之说犹有大相缪戾者。而世之学者局于见闻，不过持循讲习于此，其于悟后之论，概乎其未有闻。则亦何怪乎予言之不信，而朱子之心无以自暴于后世也乎？予既自幸其说之不缪于朱子，又喜朱子之先得我心之同然，且慨夫世之学者徒守朱子中年未定之说，而不复知求其晚岁既悟之论，竞相呶呶以乱

正学，不自知其已入于异端，辄采录而裒集之，私以示夫同志，庶几无疑于吾说，而圣学之明可翼矣。

观阳明之意，要在强调其学与朱子学同。只是他称朱子晚年“大悟旧说之非”，实有所夸张，且在罗钦顺的反驳下，他自己也不得不承认《朱子晚年定论》考据未精：“中间年岁早晚，诚有所未考，虽不必尽出于晚年，固多出于晚年者矣。”其实，朱子早已体证得“性为心具之理”。朱子学的奠定可以其“中和新悟”为标志，而此时朱子方才虚岁四十。至于其“格物说”，乃是为了指示初学所提供的一个入手处，只是为后学学偏，终而成了单单的“求理于事物”。所以，正确看待阳明《朱子晚年定论》的方式，乃是平心静气，坐而将朱子学讲明，果真讲明，自然就会发现朱子学实为有本有末，有体有用，论工夫处亦是一以贯之。如此一来，不但会让阳明消除对朱子学的误解，还会发现朱子之学、象山之学、阳明之学实有其一贯处，全都无愧于圣人之学，而诸多不必要的争论也就自然停息了。

虽然南都讲学开展得如火如荼，可是，阳明归隐山林的心意始终未绝，先是正德十年（1515）四月，他借朝廷考察两京官员的机会，上了一道《自劾乞休疏》，没有答复。其后，阳明大病一场，五月间方才渐愈。八、九两月，他又连接上疏乞求归乡养病，同样没有答复。九月二十九日，龙山公七十寿辰，阳明返乡为父亲祝寿，其间，因诸氏夫人未有生育，阳明遵祖母与父亲之命，立王守信第五子正宪为嗣子。

在这期间，朝中荒唐之事不绝。时至十一月，武宗又干了一件荒诞之事，命太监刘允前往乌思藏奉迎活佛，在朝中引起了轩然大波，大臣们纷纷劝谏反对，阳明也拟效仿韩昌黎（愈）上《谏迎佛骨表》而上《谏迎佛疏》，经过思考后作罢。

第九章 荡平诸寇

一、赴赣

在阳明南都讲学期间，江西、福建、广东的盗贼益发横行，以至于到了无可抑制的地步。先是正德九年正月，朝廷命蒋昇为右副都御史，巡抚南、赣、汀、漳，但是，很快就失败了。到了正德十年八月，朝廷又任命陈恪为右副都御史，不料陈恪平庸无能，面对盗贼，根本就是束手无策，朝廷不得已，于十二月将之调离江西，并改命公勉仁新任右副都御史，可是，公勉仁同样是一个无能之辈。一个月后，也就是正德十一年（1516）正月，朝廷改命阳明的老上司文森为右佥都御史，文森更是奇葩，直接迟迟不去赴任，一拖就是七八个月。到了八月，兵部尚书王琼想起了阳明，于是，举荐阳明前去江西平乱。武宗正在为江西盗贼日益猖炽而头疼，收到王琼的荐举之后，不假思索，当即任命阳明为都察院左佥都御史，巡抚南、赣、汀、漳等地。此时，阳明尚一心想着返乡读书静修，故而，当九月中旬，朝廷的任命下达到南都时，他立即上疏请辞新任，并乞请以旧职致仕。随后，阳明返乡归省，本打算再次上疏请辞。但是，朝廷催促他前去就任的命令一道接着一道，十月二十四日，朝廷传下武宗圣谕，命阳明“尔前去巡抚江西南安、赣州，福建汀州、漳州，广东南雄、韶州、惠州、潮州各府及湖广郴州地方。抚安军民，修理城池，禁革奸弊。一应地方贼情、军马、钱粮事宜，小则径自区画，大则奏请定夺”。十一月十四日，武宗再次传下旨意：“见今盗贼劫掠，民遭荼毒，万一王守仁因见地方有事，假托辞免，不无愈加误事。”于是，兵部给阳明转达了圣旨：“既地方有事，王守仁着上紧去，不许辞避迟误。”到此地步，阳明还想着“坚卧不出”，在曰仁的劝说下方才决定赴任。

> 自转官南、赣，即欲过家，坚卧不出，曰仁曰：“未可。纷纷之议方驰，先生且一行。爱与二三子姑为饘粥计，先生了事而归。”（《祭徐曰仁文》）

到了十二月二日，吏部再次转达武宗的旨意：“王守仁不准休致，南、赣地方见今多事，着上紧前去，用心巡抚。”至此，阳明不再抱有幻想，于次日启程赴任。赴任途中，因为听说弟弟守文身体极为羸弱，阳明便给守文写了两封信，在指示为学工夫的同时，仍旧念念不忘回乡讲学，他在第一封信中说：

> 弟既有志圣贤之学，惩忿窒欲，是工夫最紧要处。若世俗一种纵欲忘生之事，已应弟所决不为矣。……然在今日，却须加倍将养，日充日茂，庶见学问之力果与寻常不同。吾固自知吾弟之心，弟亦当体吾意，毋为俗辈所指议，乃于吾道有光也。不久吾亦且归阳明，当携弟辈入山读书，讲学旬日，始一归省，因得完养精神，薰陶德性，纵有沉疴，亦当不药自愈。顾今未能一日而遂言之，徒有惘然，未知吾弟兄终能有此福分否也。（《与弟伯显札》）

正德十二年（1517）正月十三日，途径万安之时，阳明遇到了一股流寇：

> 先生过万安，遇流贼数百，沿途肆劫，商舟不敢进。先生乃联商舟，结为阵势，扬旗鸣鼓，如趋战状。贼乃

罗拜于岸，呼曰："饥荒流民，乞求赈济！"先生泊岸，令人谕之曰："至赣后，即差官抚插。各安生理，毋作非为，自取戮灭。"贼惧散归。(《年谱》)

据说，途径南昌时，阳明还与宁王朱宸濠见了一面，相谈不甚相契。

二、备战

正德十二年(1517)正月十六日，阳明抵达赣州，立即开府，着手处置平乱事宜。阳明所面对的情况非常复杂。多股贼寇各据山头，一有机会，便四出骚扰，抢劫杀戮，夺取民产。其中势力较大的有谢志珊(据横水)，蓝天凤(据左溪)，池仲容(据浰头)，詹师富(据大帽山)等，又有陈曰能、高快马、龚福全等贼众四起呼应。平民中还潜藏着他们的诸多耳目，官府但凡有所举动，随即告知。以往官府动辄请兵，"非调土军，即倩狼达，往返之际，辄已经年；糜费所须，动逾数万；逮至集兵举事，即已魍魉潜形，曾无可剿之贼；稍俟班师旋旅，则又鼠狐聚党，复皆不轨之群。"(《选拣民兵》)如此一来，不但于事无补，不能平贼，反而增加了朝廷的压力和平民的负担。针对这些情况，阳明迅速采取了两项措施：

其一，行十家牌法，让贼寇耳目无可遁形。

先是赣民为洞贼耳目，官府举动未形，而贼已先闻。军门一老隶奸尤甚。先生侦知之，呼入卧室，使之自择生死，隶乃输情吐实。先生许其不死，试所言悉验。乃于城中立十家牌法。其法编十家为一牌，开列各户籍贯、姓名、年貌、行业，日轮一家，沿门按牌审察，遇面生可疑人，即行报官究理。或有隐匿，十家连坐。仍告谕父老子弟："务要父慈子孝，兄爱弟敬，夫和妇随，长惠幼顺。小心以奉官法，勤谨以办国课，恭俭以守家业，谦和以处乡里；心要平恕，毋得轻易忿争；事要含忍，毋得辄兴词讼；见善互相劝勉，有恶互相惩戒；务兴礼让之风，以成敦厚之俗。"

其二，选拣民兵，组建当地军事力量。

……先生乃使四省兵备官，于各属弩手、打手、机快等项，挑选骁勇绝群、胆力出众者，每县多或十余人，少或八九人，务求魁杰；或悬召募，大约江西、福建二兵备各以五六百名为率，广东、湖广二兵备各以四五百名为率，中间更有出众者，优其廪饩，署为将领。除南、赣兵备自行编选，余四兵备官仍于每县原额数内拣选可用者，量留三分之二，委该县贤能官统练，专以守城防隘为事；其余一分，拣退疲弱不堪者，免其著役，止出工食，追解该道，以益募赏。所募精兵，专随各兵备官屯箚，别选官分队统押教习之。如此，则各县屯戍之兵，既足以护守防截，而兵备募召之士，又可以应变出奇。盗贼渐知所畏，平良益有所恃而无恐矣。(《年谱》)

三、东征大帽山

抵达赣州之后，不过旬日，阳明便已做好备战事宜，决定发兵。发兵之前，阳明对几大贼寇的分布作了分析，并结合自身的兵力状况，制定了逐个击破的作战方案。

首先是东征大帽山贼寇詹师富部。最初，进展很顺利，“兵次长富村，遇贼大战，斩获颇多。贼奔象湖山拒守。我兵追至莲花石，与贼对垒。”可是，因为覃桓、纪镛“狃于小胜”，急功近利，违背阳明节制，很快便遭遇了挫败，“会广东兵至，方欲合围，贼见势急，遂溃围而出，指挥覃桓、县丞纪镛马陷，死之”。经此挫败，诸将开始慌乱，纷纷议论，“请调狼兵，俟秋再举”。阳明深知，如此一来，又会跟以往一样，成了恶性循环，“乃责以失律罪，使立功自赎”，诸将依旧议论不决，阳明说：

> 兵宜随时，变在呼吸，岂宜各持成说耶？福建诸军稍缉，咸有立功赎罪心，利在速战。若当集谋之始，即掩贼不备，成功可必。今既声势彰闻，各贼必联党设械，以御我师，且宜示以宽懈。而犹执乘机之说以张皇于外，是徒知吾卒之可击，而不知敌之未可击也。广东之兵意在倚重狼达、土军，然后举事，诸贼亦候吾士兵之集，以卜战期，乘此机候，正可奋怯为勇、变弱为强。而犹执持重之说，以坐失事机，是徒知吾卒之未可击，而不知敌之正可击也。善用兵者，因形而借胜于敌，故其战胜不复，而应形于无穷。胜负之算，间不容发，乌可执滞哉？

于是，决定出其不意，攻其不备。阳明一面“亲率诸道锐卒进屯上杭，密敕群哨，佯言犒众退师，俟秋再举”，一面则“密遣义官曾崇秀觇贼虚实”，终而，“乘其懈，选兵分三路，俱于二月十九日乘晦夜衔枚并进，直捣象湖，夺其隘口”。诸贼遭到突袭，失去了险阻，惊慌失措，便只能“复据上层峻壁，四面滚木礧石，以死拒战”，而“我兵奋勇鏖战，自辰至午，呼声振地”。这时，又有“三省奇兵从间鼓噪突登”，贼寇“乃惊溃奔走”，我兵紧随其后，乘胜追剿。“已而，福建兵攻破长富村等巢三十余所，广东兵攻破水竹、大重坑等巢一十三所，斩首从贼詹师富、温火烧等七千有奇，俘获贼属、辎重无算，而诸洞荡灭”。这场战役前后仅三月，而漳南数十年的寇乱竟悉数讨平。

四月，班师。当时已经三个月不下雨，阳明心中不忍，决定为民求雨，于是，驻军于上杭，“祷于行台，得雨，以为未足。及班师，一雨三日，民大悦”（《年谱》）。

五月初，阳明返归赣州，立即开始着手准备下一步的行动。首先，他上了《闽广捷音疏》与《申明赏罚以励人心疏》，并写信给举荐他的王琼，汇报了平定漳乱的战况，乞请给有功之人予以奖赏。在《申明赏罚以励人心疏》之末，阳明请求朝廷给予他“便宜行事”之权，以方便征剿诸贼寇。其次，为了长治久安，他上了《添设清平县治疏》。他又深刻感受到军队管理的松弛散漫，于是，发布了《兵符节制》，以强化军伍管理：

> 习战之方，莫要于行伍；治众之法，莫先于分数。所据各兵既集，部曲行伍，合先预定。为此仰抄案回道，照依定去分数，将调集各兵，每二十五人编为一

伍，伍有小甲；五十人为一队，队有总甲；二百人为一哨，哨有长、协哨二人；四百人为一营，营有官、有参谋二人；一千二百人为一阵，阵有偏将；二千四百人为一军，军有副将。偏将无定员，临阵而设。小甲于各伍之中选材力优者为之，总甲于小甲之中选材力优者为之，哨长于千百户义官之中选材识优者为之。副将得以罚偏将，偏将得以罚营官，营官得以罚哨长，哨长得以罚总甲，总甲得以罚小甲，小甲得以罚伍众。务使上下相维，大小相承，如身之使臂，臂之使指，自然举动齐一，治众如寡，庶几有制之兵矣。编选既定，仍每五人给一牌，备列同伍二十五人姓名，使之连络习熟，谓之伍符。每队各置两牌，编立字号，一付总甲，一藏本院，谓之队符。每哨各置两牌，编立字号，一付哨长，一藏本院，谓之哨符。每营各置两牌，编立字号，一付营官，一藏本院，谓之营符。凡遇征调，发符比号而行，以防奸伪。其诸缉养训练之方，旗鼓进退之节，要皆逐一讲求，务济实用，以收成绩。事完，备造花名手册送院，以凭查考发遣。

九月，朝廷改授阳明提督南、赣、汀、漳等处军务，给旗牌，得便宜行事。这得益于王琼的支持，当然也是由于朝廷迫切希望能够平息寇乱。这中间，还曾有一个插曲：

> 既而，镇守太监毕真谋于近幸，请监其军。琼奏以为兵法最忌遥制，若使南、赣用兵而必待谋于省城镇守，断乎不可；惟省城有警，则听南、赣策应。事遂寝。（《年谱》）

王琼力主授予阳明“便宜行事”的权力，不单单是考虑荡平南、赣贼寇，更是在为预防日后宁王之乱做准备。就此事而言，王琼堪称战略家。

四、西平横水、桶冈

到了十月，一切准备就绪。阳明组织兵力，开始了西平横水、桶冈诸寇的征剿。阳明先是分析了情势，“南、赣西接湖广桂阳，有桶冈、横水诸贼巢；南接广东乐昌，东接广东龙川，有浰头诸贼巢”，他认为：“桶冈、横水、左溪诸贼荼毒三省，其患虽同，而事势各异：以湖广言之，则桶冈为贼之咽喉，而横水、左溪为之腹心；以江西言之，则横水、左溪为之腹心，而桶冈为之羽翼。”自然应当先征讨腹心。可是，有议论者却惧怕横水、左溪之贼势大，而“欲与湖广夹攻桶冈”。阳明分析形势，指出一旦“进兵两寇之间”，很容易“腹背受敌”，“势必不利”。而如果限定时间，先进攻横水、左溪，“贼见我兵未集，师期尚远，必以为先事桶冈”，而“观望未备”，这时乘其不备，出其不意，迅速出击，则“可以得志”。然后，迅速移兵攻击桶冈，“破竹之势成矣”。于是，最终决定“先攻横水、左溪，分定哨道，指授方略，密以十月己酉进兵”。(《年谱》)

征剿之前，一是为了感化浰头诸贼，减少不必要的杀戮；二是防止在征剿横水、桶冈诸贼之时，浰头诸贼乘机作乱。阳明发布了一则《告谕浰头巢贼》，该告谕言辞直白，字里行间充盈着“蔼然哀怜无辜之情”，真挚感人。行文至最后，阳明竟然“不觉泪下”。阳明派人携着这份告谕前往三浰，遍传各寨，并果真遵告谕所说，赐以牛、酒、银钱、布匹，用以感化诸贼。有一些贼寇如黄金巢、卢珂等深受感化，率众前来投诚，并表示愿意“效死以报”。阳明“于是择其众五百人从征横水”。然而，池仲容等却拒绝投诚，但也不敢贸然行动，而是采取观望的态度。

> 惟池仲容曰：“我等为贼非一年，官府来招非一次，告谕何足凭？待金巢等无事，降未晚也。”(《年谱》)

征剿横水、桶冈的战事，一切按照阳明的计划推进，很是顺利，先是攻破横水：

至十一月己巳，凡破贼巢五十余，擒斩大贼首谢志珊等五十六，从贼首级二千一百六十八，俘获贼属二千三百二十四。

谢志珊被擒之后，与阳明有过一番对话，令阳明颇为感叹：

酋长谢志珊就擒，先生问曰："汝何得党类之众若此？"志珊曰："亦不容易。"曰："何？"曰："平生见世上好汉，断不轻易放过，多方钩致之，或纵其酒，或助其急，待其相德，与之吐实，无不应矣。"先生退语门人曰："吾儒一生求朋友之益，岂异是哉！"（《年谱》）

一时间，士气高涨，"众请乘胜进兵桶冈"，阳明进行了细致的分析，最终决定采取迂回战术，先是通过劝降麻痹对方，然后，乘其不备，分兵夹攻，果然大败贼寇。

先生复以桶冈天险，四塞中坚，其所由入，惟锁匙龙、葫芦洞、簝坑、十八磊、新池五处，然皆架栈梯壑，于崖巅坐发礧石，可以御吾师。虽上章一路稍平，然迂回半月始达，湖兵从入，我师复往，事皆非便。况横水、左溪余贼悉奔入，同难合势，为守必力。善战者，其势险，其节短。今我欲乘全胜之锋，兼三日之程，争百里之利，以顿兵于幽谷，所谓强弩之末，不能穿鲁缟矣。莫若移屯近地，休兵养威，使人谕以祸福，彼必惧而请伏。或有不从，乘而袭之，乃可以逞。因使其党往说之，贼喜，方集议，而横水、左溪奔入之贼果坚持不可。往复迟疑，不暇为备，而我兵分道疾进，前后合击，贼遂大败。破巢三十余，擒斩大贼首蓝天凤等三十四，从贼首级一千一百四，俘获贼属二千三百。（《年谱》）

对横水、桶冈的战事，十月开始，十一月内便已结束战事，十二月，阳明班师。班师时，“百姓沿途顶香迎拜”，“所经州、县、隘、所，各立生祠。远乡之民，各肖像于祖堂，岁时尸祝”。阳明随即上了《横水、桶冈捷音疏》，奏请赏赐有功之人。同样，为了这一带的长治久安，阳明上疏奏请设立崇义县。

五、南克三浰

接下来，便是最后一战，也就是征剿三浰。据《年谱》征剿三浰分为四个阶段：

一、相互试探阶段。这个阶段，双方可以说得上是斗智斗勇。在阳明率兵西平横水之时，池仲容采取了观望态度。等到横水被攻破时，池仲容开始恐慌，于是派遣他的弟弟池仲安前来归附，“意在缓兵”，阳明很快就觉察了他们的目的。在征讨桶冈时，阳明“使（池仲安）截路上新池，以迂其归”，同时，“内严警备，外若宽假”。那些曾经被池氏兄弟伤害过的人都说池氏兄弟凶残狡诈，此前官兵曾两次夹攻围剿他们，都没有能够取得成功。池氏兄弟还曾得意地说：“狼兵易与耳，调来须半年，我避不须一月。”意思是狼兵来不能迅速，留也不可能太久，对他们根本没有什么威胁。故而，大家都请求增援军队，阳明不从。“乃密画方略，使各归部集，候期遏贼”。等到桶冈也被攻破时，池仲容更加惊慌，于是，“私为战守之备”。阳明“复使人赐酋牛酒，以察其变”，池仲容知道无法隐瞒，便“诈称龙川新民卢珂、郑志高等将行掩袭，故豫为防，非虞官兵也”，阳明假装相信了他，“因怒珂等擅兵仇杀，移檄龙川，使廉实，将伐木开道讨之”，池仲容闻讯，“且信且惧，复使来谢”。到此为止，双方并没有直接发生冲突，都在试探对方。但是，池氏兄弟作恶太甚，不加以剿灭不足以平民愤。

二、计诱池仲容等贼首。池仲容诈称卢珂等将要偷袭他，给了阳明一个诱其入彀的机会。更巧的是，卢珂正好前来密告池仲容有变，阳明“欲藉珂以给三浰”，于是，悄悄对卢珂说：“吾姑毁状，汝当再来，来则受杖三十，系数旬，乃可。”卢珂知道是计，高兴地应诺了。阳明“复授其意参随，密示行杖人，令极轻”，然后“假怒珂，数罪状，且将逮其属尽斩之，而阴纵其弟集兵”。阳明又让人佯称征讨已经结束，加之时近年关，便让百姓们尽情欢乐，表现出一副安居乐业的状态。接着，派遣余恩和黄表前往三浰颁发历书，推心置腹，招徕池仲容等贼首。池仲容等先是“疑先生图己，既得历，稍安”，黄表又从容地对他们说：“若辈新民，礼节生疏，我来颁历，若可高坐乎？”不得已，池仲容率领九十三名悍匪同时进城，到了城中，为了防止有所变化，池仲容让手下“营教场，而自以数人入见”。阳明一眼看穿了他的心思，呵斥道：“若皆吾新民，不入见而营教场，疑我乎？”池仲容惶恐不安地说：“愿意听从您的命令。”随即遣人将众悍匪引至祥符宫，悍匪们“见物宇整洁，喜出望外”。这时已经是十二月二十三日了，再过几天便是春节了。起初，阳明并不忍心歼灭这群匪首，可是，经过观察，知道这群人终不可教化，而百姓们又都在指责他是在“养寇贻害”。最终，阳明决定歼灭这群匪首。

先生既遣参随数人馆伴，复制青衣油靴，教之习礼，以察其志意所向。审其贪残终不可化，而士民咸诟于道曰：“此养寇贻害。”先生复决歼魁之念矣。逾日辞归，先生曰：“自此至三浰八九日，今即往，岁内未必至家，即至，又当走拜正节，徒自取劳苦耳。闻赣州今岁有灯，曷以正月归乎?”数日，复辞，先生曰：“正节尚未犒赏，奈何?”初二日，令有司大烹于官，以次日宴。是夕，令龙光潜入甲士，诘旦，尽歼之。先生自惜终不能化，日已过未刻，不食，大眩晕，呕吐。

擒贼先擒王，如今池仲容及九十三名悍匪已经歼灭，三浰之破自然是指日可待了。

三、破下浰。阳明身先士卒，率领众兵士，利用炮火威力，很快就攻破了下浰：

先时尝密遣千户孟俊督珂弟集兵以防其变，及是夜将半，自率军从龙南、冷水直捣下浰，贼故阻水石，错立水中。先生蹑屩先行，诸军继之，无溺者。门坚甚。先生摘百人，卷旗持炮火，缘后山登，须臾，后山炮火四发，旗帜满山，守者狼顾，门遂破。时正月七日丁未也。兵备副使杨璋，守备指挥郏文，知府陈祥、邢珣、季斅，推官危寿，指挥余恩、姚玺，县丞舒富皆从。凡破巢三十有八，擒斩贼首五十八，从贼二千余，余奔九连山往议。

四、破九连山。剩余的贼寇逃往九连山，利用九连山的险峻，负隅顽抗。阳明深知不可强攻，再次以计取胜。

九连山横亘数百里，四面陡绝，须半月始达，而贼已据险。先生选精锐七百余，皆衣贼衣，佯奔溃，乘暮至贼崖下。贼下招之，我兵佯应，既度险，扼其后路。次日，从上下击，西路伏起，一鼓擒之。

至此，阳明巡抚南、赣、汀、漳的主要任务——征剿贼寇已经收尾了。

四月，阳明班师北归。班师途中，阳明曾作过一首《回军九连山道中短述》，既有平寇胜利的喜悦，也有未能德化的遗憾，更有对朝廷的期望，饱含着他安民的心愿：

> 百里妖氛一战清，万峰雷雨洗回兵。
> 未能干羽苗顽格，深愧壶浆父老迎。
> 莫倚谋攻为上策，还须内治是先声。
> 功微不愿封侯赏，但乞蠲输绝横征。

回到赣州，阳明上了《浰头捷音疏》，为有功之人请赏。同样，为了长治久安，阳明上疏奏请设立和平县。随即上书乞请致仕返乡，不允。

其实，在阳明没有抵达赣州之前，朝廷本有一个三省夹攻的计划。阳明闻知之后，上《攻治疏》，其中有云：

> 朝廷若假以赏罚，使得便宜行事，动无掣肘，可以相机而发，一寨可攻，则攻一寨；一巢可扑，则扑一巢。量其罪恶之浅深，而为剿抚之先后，则可以省供馈征调之费。日剪月削，澌尽灰灭。此则如昔人拔齿之喻，齿拔而儿不觉者也。若欲夹攻以快一朝之忿，则计贼二万，须兵十万，积粟料财，数月而事始集。兵未出境，贼已深逃，锋刃所加，不过老弱胁从之辈耳。况狼兵所过，不减于盗。近年江西有姚源之役，福建有汀、漳之寇，

府江之师，方集于两广，偏桥之讨，未息于湖、湘，若复加以大兵，民将何以堪命？此则一拔去齿，而儿亦随毙者也。

然而，此时朝廷的夹攻之命已经下达，阳明又以为“夹攻之策，名虽三省大举，其实举动次第，自有先后”，于是，他再次上疏，论出兵次第及配合策略：

如江西之南安，有上犹、大庾、桶冈等处贼巢，与湖广桂东、桂阳接境，夹攻之举，止宜江西与湖广会合，而广东于仁化县要害把截，不与焉；赣州之龙南，有浰头贼巢，与广东龙川接境，夹攻之举，止宜江西与广东会合，而湖广不与焉；广东乐昌、乳源贼巢与湖广宜章县接境，惠州贼巢与湖广临武县接境，仁化县贼巢与湖广桂阳县接境，夹攻之举，止宜湖广、广东二省会合，而江西于大庾县要害把截，不与焉。若不此之察，必欲通待三省兵齐，然后进剿，则老师费财，为害匪细矣。今并力于上犹也，则姑遣人佯抚乐昌诸贼，以安其心。彼见广东既未有备，而湖广之兵又不及己，乃幸旦夕之生，必不敢越界以援上犹。及上犹既举，而湖广移兵以合广东，则乐昌诸贼其势已孤。二省兵力益专，其举益易，当是之时，龙川贼巢相去辽绝，自以为风马牛不相及，彼见江西之兵又彻，意必不疑。班师之日，出其不意，回军合击，蔑有不济者矣。(皆见《年谱》)

疏上，朝廷许以便宜行事。两次上疏，可见阳明对于荡平诸寇早已胸有成竹。

正德十三年(1518)六月，阳明因为平乱之功升都察院右副都御史，荫子锦衣卫，世袭百户。阳明上疏辞免，不允。

六、破心中贼难

在荡平诸寇的戎马生涯中，阳明依旧讲学不辍，绪山记曰：

先生出入贼垒，未暇宁居，门人薛侃、欧阳德、梁焯、何廷仁、黄弘纲、薛俊、杨骥、郭治、周仲、周冲、周魁、郭持平、刘道、袁梦麟、王舜鹏、王学益、余光、黄槐密、黄鎣、吴伦、陈稷刘、鲁扶黻、吴鹤、薛侨、薛宗铨、欧阳昱，皆讲聚不散。(《年谱》)

平寇生涯，给阳明学问带来的最大启发则为“破心中贼难”：

> 即日已抵龙南，明日入巢，四路兵皆已如期并进，贼有必破之势。某向在横水，尝寄书仕德云：“破山中贼易，破心中贼难。”区区剪除鼠窃，何足为异？若诸贤扫荡心腹之寇，以收廓清平定之功，此诚大丈夫不世之伟绩。(《与杨仕德薛尚谦》)

“山中贼”易见，只要准备充分，策略得当，便可荡平。“心中贼”却很是狡猾，平日里往往遁隐不见，貌似已被破除，可是，一遇到事它们便又会出来。阳明正是在平寇之时，反己省察，发现自己心中竟然还有余贼，故而，发出“破山中贼易，破心中贼难”的感叹。由此可知，人必须要到世间去经历种种事务，经受磨砺，在种种不同的状况下，将“心中贼”悉数引出，一一破除。唯有如此，方才能够荡尽心中之贼。正因为此，“在事上磨炼”一度成为阳明的论学宗旨。

七、曰仁之逝

平寇期间，令阳明最为痛心的事，则为曰仁之逝。曰仁逝于正德十三年五月十七日，其时，阳明刚刚南克三浰贼患，得胜班师。曰仁是阳明及门最早的弟子之一，也是他最得意的弟子，最初的《传习录》便是由曰仁编订。曰仁还是阳明的妹夫，关系更重一层。收到曰仁的死讯之后，阳明心痛不已，“哽咽而不能食者两日”，然后，以无可抑制的悲伤心情写下了一篇《祭徐曰仁文》：

> 呜呼痛哉，曰仁！吾复何言！尔言在吾耳，尔貌在吾目，尔志在吾心，吾终可奈何哉！记尔在湘中，还，尝语予寿不能长久，予诘其故，云：“尝游衡山，梦一老瞿昙抚曰仁背，谓曰：‘子与颜子同德。’俄而曰：‘亦与颜子同寿。’觉而疑之。”予曰：“梦耳。子疑之，过也。”曰仁曰：“此亦可奈何？但令得告疾早归林下，冀从事于先生之教，朝有所闻，夕死可矣！”呜呼！吾以为是固梦耳，孰谓乃今而竟如所梦邪！向之所云，其果梦邪？今之所传，其果真邪？今之所传，亦果梦邪？向之所梦，亦果妄邪？呜呼痛哉！
>
> 曰仁尝语予：“道之不明，几百年矣。今幸有所见，而又卒无所成，不亦尤可痛乎？愿先生早归阳明之麓，与二三子讲明斯道，以诚身淑后。”予曰：“吾志也。”自转官南、赣，即欲过家，坚卧不出，曰仁曰：“未可。

纷纷之议方驰，先生且一行。爱与二三子姑为饘粥计，先生了事而归。”呜呼！孰谓曰仁而乃先止于是乎！吾今纵归阳明之麓，孰与予共此志矣！二三子又且离群而索居，吾言之，而孰听之？吾倡之，而孰和之？吾知之，而孰问之？吾疑之，而孰思之？呜呼！吾无与乐余生矣。吾已无所进，曰仁之进未量也。天而丧予也，则丧予矣，而又丧吾曰仁何哉？天胡酷且烈也！呜呼痛哉！朋友之中，能复有知予之深、信予之笃如曰仁者乎？夫道之不明也，由于不知不信，使吾道而非邪，则已矣；吾道而是邪，吾能无蕲于人之不予知予信乎？

自得曰仁讣，盖哽咽而不能食者两日。人皆劝予食。呜呼！吾有无穷之志，恐一旦遂死不克就，将以托之曰仁，而曰仁今则已矣。曰仁之志，吾知之，幸未即死，又忍使其无成乎？于是复强食。呜呼痛哉！吾今无复有意于人世矣。姑俟冬夏之交，兵革之役稍定，即拂袖而归阳明。二三子苟有予从者，尚与之切磋砥砺，务求如平日与曰仁之所云。纵举世不以予为然者，亦且乐而忘其死，惟百世以俟圣人而不惑耳！曰仁有知，其尚能启予之昏而警予之惰邪？呜呼痛哉！予复何言！

因为曰仁早逝，又与颜子同寿，为同门誉为“王门颜子”。

八、初刻《传习录》

时至正德十三年七月，平寇的相关事宜皆已了结，阳明有了更多的时间用于论学。他先后刻印了《古本大学》与《朱子晚年定论》，分别撰写了《大学古本序》与《朱子晚年定论序》。在《大学古本序》中，他指出“《大学》之要，诚意而已”：

> 《大学》之要，诚意而已矣。诚意之功，格物而已矣。诚意之极，止至善而已矣。止至善之则，致知而已矣。正心，复其体也；修身，著其用也。以言乎己，谓之明德；以言乎人，谓之亲民；以言乎天地之间，则备矣。是故，至善也者，心之本体也。动而后有不善，而本体之知未尝不知也。意者，其动也；物者，其事也。至其本体之知而动无不善。然非即其事而格之，则亦无以致其知。故致知者，诚意之本也。格物者，致知之实也。物格则知致意诚，而有以复其本体，是之谓止至善。圣人惧人之求之于外也，而反覆其辞。旧本析而圣人之意

亡矣。是故不务于诚意而徒以格物者，谓之支；不事于格物而徒以诚意者，谓之虚；不本于致知而徒以格物诚意者，谓之妄。支与虚与妄，其于至善也远矣。合之以敬（经）而益缀，补之以传而益离。吾惧学之日远于至善也，去分章而复旧本，傍为之什，以引其义。庶几复见圣人之心，而求之者有其要。噫！乃若致知，则存乎心；悟致知焉，尽矣！

据末句，“乃若致知，则存乎心；悟致知焉，尽矣”，则“致良知”之教已然呼之欲出。其实，在龙江之会时，阳明便已经确立了“诚意”为“《大学》之要”，只不过当时更多的是与甘泉讨论他的“格物说”。

在南都时，阳明因编撰《朱子晚年定论》，遭到了朱子学者的围攻，此番撰成《朱子晚年定论序》（已引于上章），表达了自己的真实意图，即强调自己的学问与朱子之学相同。此篇《朱子晚年定论序》可谓阳明对于朱子学的盖棺论定，此后他便始终没有改变对朱子学的看法。由此可见，终其一生，他也没有能够充分准确地理解朱子学，这不能不算是一个遗憾。

为了容纳来自四方的求学者，阳明修建了濂溪书院。“四方学者辐辏，始寓射圃，至不能容，乃修濂溪书院居之”

(《年谱》)。

荡平诸寇之后，阳明觉得百姓虽已革面，但尚未革心，唯有施行教化，方能改善民风，于是，举乡约，告谕父老子弟，让他们相互警示劝诫。

而在这一时期，对于阳明学意义重大的事，则为薛侃在八月刻成《传习录》，即今《传习录》上卷，分为三部分，第一部分是曰仁的遗录，含语录十四章、序二篇、后记一篇；第二部分为陆澄所录，共八十一条，为其在南都从学阳明时所录；第三部分则为薛侃自己所录，共三十五条，大多为其在南都从学阳明时所录，亦有少许为其在赣州从学阳明时所录。

薛侃在这个时候刊刻《传习录》，当与曰仁之逝有关，曰仁逝后，阳明悲痛欲绝，薛侃收集曰仁遗录，加上陆澄与自己平时所记老师语录，合成一册。如此则既可以怀念曰仁，又可以弘传老师之学。

第十章　宸濠之乱

一、宸濠谋反

朱宸濠是一个十足的野心家，自弘治十二年（1499）嗣宁王之位后，就一直在做皇帝梦。武宗即位之后，宸濠更是猖獗，先是通过贿赂刘瑾恢复了景泰七年被革去的宁王府护卫，然后又广罗人才，尊致仕的都御史李士实为国师，用落第举人刘养正为军师。期间，还曾罗致唐寅至南昌，唐觉察他的谋逆之意后佯狂而逃。据说，他也曾探过阳明的口风，只是阳明不为所动。宸濠还收买了凌十一、闵廿四等匪首，聚集人马，相机而动。

尽管宸濠的种种行为已经表明其有取武宗而代之的意图，可是，朝廷竟然置之不理，而有知情大臣上奏密告，武宗则是一概不信，不但不信，还会下旨惩罚。如正德九年，江西兵备副使胡世宁上奏宸濠有反叛之心，武宗不信，宸濠反过来诬陷胡世宁挑拨离间，最终，世宁系狱两年，谪戍辽东。更有甚者，正德十二年，宁府典宝副阎顺、典膳正陈宣、内使刘良潜入京师，状告宸濠反叛，武宗不但不信，反将三人下锦衣狱，杖脊五十，发戍孝陵卫。如此一来，知情大臣们个个噤若寒蝉，不敢更置一辞。

江西平寇之后，阳明一心想着返归阳明之麓，潜心讲学。加之听闻祖母岑太夫人亡故、父亲王华患病，便欲上疏乞归。然而，兵部尚书王琼早知宸濠欲叛，而能够平定宸濠之乱的，唯有阳明，故而，设法阻止阳明乞归。对于宸濠将叛，阳明自然也是心知肚明，并且已经暗作准备，如与福建按察佥事周期雍谋划，请期雍返闽后招募骁勇，组织精兵，严阵以待。

时至正德十四年（1519）二月，福州三卫军人进贵等发动兵乱，朝廷下旨阳明前往福建处置叛军。与此同时，宸濠等人已经确定叛乱时间，原定在八月十五日乡试期间举兵。可是，中途出现了一些意外，五月，御史萧淮上奏宸濠密谋不轨。而在此之前，武宗也对宸濠起了疑心。武宗有一个名叫臧贤的宠幸伶官，宸濠曾经派秦荣向这个伶官学习音乐，并乘机贿赂他，馈赠了万金与金丝宝壶。“一日，武宗幸贤，贤以壶注酒，讶其精泽巧丽，曰：‘何从得此？’贤吐实。武宗曰：‘宁叔何不献我？’是时，小刘新得幸，濠失贿，深衔之。比罢归，小刘笑曰：‘爷爷尚思宁王物，宁王不思爷爷物足矣！不记荐疏乎？’武宗乃益疑”（《年谱》），此番萧准上奏，又得到了张忠、江彬等人的附和，武宗终于有了几分相信。然而，武宗并没有去想如何应对即将发生的宸濠叛乱，而是听从了首辅杨廷和的建议，派大臣前往南昌对宸濠戒谕一番。五月二十四日，太监赖义、驸马都尉崔元、左副都御史颜颐寿三人手持武宗谕书奔赴南昌。可是，宸濠却误会了武宗的意思，以为自己的阴谋已经败露，于是，决定提前发动叛乱。适巧六月十三日是宸濠生辰，按礼，地方大臣全都应当前去贺寿，宸濠便决定在寿宴上举事。十四日，宸濠宣告谋逆，都御史孙燧、按察司副使许逵二人因为责问宸濠，当场被杀，其他官员则大多被拘禁。

十五日，宸濠发兵攻打南康、九江，因为守城官员闻风而逃，十六日，陷南康；十七日，陷九江。宸濠不禁信心大增，“谋欲径袭南京，遂犯北京，故乘胜克期东下”（《年谱》）。

二、倡集义兵

六月九日，阳明奉朝廷之命，前往福州处置叛军。六月十五日中午，阳明抵达丰城，知县顾佖前来迎接，告知宸濠已经反叛。阳明闻讯之后，当机立断，与参谋雷济、萧禹“相与拜天，誓死起兵讨贼”，毅然决定返归。返归之途，也是颇有风波。先是“值南风急，舟弗能前”，阳明“乃焚香拜泣告天曰：‘天若哀悯生灵，许我匡扶社稷，愿即反风。若无意斯民，守仁无生望矣’”。一会儿，风竟然渐渐止息，于是得以发舟。当时，宸濠派内官喻才领兵急追阳明，阳明与雷济、萧禹潜入渔舟，方才得以脱身。(《年谱》)在南归途中，阳明恐“宸濠径袭南京，遂犯北京，两京仓卒无备，图欲沮扰，使迟留半月，远近闻知，自然有备无患”，于是，假写两广都御史火牌，意示朝廷已经密令两广各处起调兵马，潜来袭取宸濠，使之心生恐惧，迟疑观望，从而不敢轻进。宸濠见到火牌，果然心生疑惑，未敢轻出。(《征宸濠反间遗事》)

阳明先是退到了临江，知府戴德孺大喜，将阳明迎进城。因为临江居大江之滨，与省会接近，又当道路之冲，于是，阳明又赶往吉安。抵达吉安时，为十八日。抵达后，知府伍文定很是欢喜，军民皆遮道呼号。阳明在吉安急上《飞报宁王谋反疏》，与此同时，与知府伍文定等开始计划起兵勤王。阳明先是对宸濠谋逆作了分析，认为他有三策：上策，挥师北上，直趋京都，如此一来，社稷危矣；中策，顺江而下，占据南都，而后北上；下策，据守南昌，以待时变。宸濠并不蠢，选择的是中策。而摆在阳明面前的首要问题则是，如何让宸濠滞留在南昌，给朝廷争取足够的应对时间。为了迷惑宸濠，拖延他的进军速度，阳明决定继续采用疑兵之计，先是扬言朝廷已经四处调集军队，做好围剿宸濠夹攻南昌的准备。然后，又离间宸濠与谋士李士实、刘养正的关系。当时，龙光跟随在阳明身边，曾问阳明："事济否？"阳明答道："未论济与不济，且言疑与不疑？"龙光说："疑固不免。"阳明说："但得渠一疑，事济矣。"只要宸濠心中生疑，就必定不敢贸然出动而滞留南昌，如此一来，也就成了。疑兵之计很快便获得了效果，最初，"宸濠谋定六月十七日出兵，自己于二十二日在江西起马，径趋南京，谒陵即位，遂直犯北京，因闻前项反间疑沮之谋，遂不敢轻出"（《征宸濠反间遗事》）。直至七月三日，才知道一切都是假的，方才大举出动，"乃属宗支栱樤与万锐等留兵万余守南昌，遣潘鹏持檄说安庆，季斅说吉安，而自与宗支栱栟、士实、养正等东下。贼众六万人，号十万，以刘吉为监军，王纶参赞军务，指挥葛江为伪都督，总一百四十余队，分五哨。出鄱阳，过九江，令师夔守之，直趋安庆"，宸濠当时以为沿江而下，便可以顺利抵达南京，而后便能拜谒祖陵，即帝位，接着举兵北上。没有想到的是安庆的知府张文锦、都指挥杨锐、指挥使崔文等人都是硬骨头，他们率领安庆军民坚决抵抗，双方僵持不下。(《年谱》)张文锦等人死守安庆的意义非常重大，是阳明顺利平定宸濠之乱事件中极为关键的一个环节。

宸濠一疑，延滞了十几天，加之在安庆受阻了旬日，这就给了阳明倡集义兵的时间。

> 公率知府伍文定、戴德孺、邢珣、徐琏等调集军民兵快，召募四方报效义勇，会计应解留钱粮，支给粮赏，造作军器战船，奏留公差回任御史谢源、伍希儒分职任事，约会乡官致仕右副都御史王懋忠、养病编修邹守益、郎中曾直、评事罗侨、丁忧御史张鳌山、赴部调用佥事刘蓝、依亲进士郭持平、致仕副使刘逊、参政黄绣、闲住知府刘昭等，相与激劝忠义，晓谕祸福。调度已定，移檄远近，宣布朝廷仁德，暴濠罪恶。(《行状》)

阳明倡集义兵的各项事务已经完成，宸濠才发现自己上了当，方才引兵而出。倡集义兵能否顺利，是平定宸濠之乱的关键。若无一定兵力，纵然是有心杀敌，也只会无力回天。所以，后来御史黎龙评价说："平藩事，不难于成功，而难于倡义。"

据说，朝廷收到阳明的《飞报宁王谋反疏》，"奏至，王公琼扬言于朝曰：'王某(指阳明)在南赣，必能擒之。不久当有捷报至。但朝廷不命将出师，则无以壮其军威。’”（《行状》）王琼真可谓知阳明者，亦可谓知宸濠者也。

在吉安倡集义兵之时，还发生了一件事，足见阳明之忠义：

> 先生在吉安，守益趋见曰：“闻濠诱叶芳兵夹攻吉安。”先生曰：“芳必不叛。诸贼旧以茅为屋，叛则焚之，我过其巢，许其伐巨木创屋万余。今其党各千余，不肯焚矣。”益曰：“彼从濠，望封拜，可以寻常计乎？”先生默然良久，曰：“天下尽反，我辈固当如此做。”益惕然，一时胸中利害如洗。（《年谱》）

三、攻克南昌

宸濠大举出兵，原拟一路奔袭，直取南都，不料在安庆遭到顽强抵抗，相持了十数日。宸濠大怒，乃“亲自督兵运土填堑，期在必克”，可是，阳明已不再给他机会了。

阳明听说宸濠大兵已出南昌，于是派人召集各郡兵士七月十五日在樟树镇集合。十三日，阳明与伍文定率兵从吉安出发，十五日准时抵达樟树镇。临江知府戴德孺，袁州知府徐琏，赣州知府邢珣，瑞州通判胡尧元、童琦，南安推官徐文英，赣州都指挥余恩，新淦知县李美，泰和知县李楫，宁都知县王天与，万安知县王冕，也各各率兵前来会合。十八日，阳明统率大军自樟树镇进军丰城。这时，众人悉皆主张先去解救安庆之围，阳明却决定采取围魏救赵的策略，他说："今南康、九江皆为贼据，我兵若越二城，直趋安庆，贼必回军死斗，是我腹背受敌也。莫若先破南昌，贼失内据，势必归援。如此则安庆之围自解，而贼成擒矣。"十九日，阳明率兵，从汉头出发，以伍文定为先锋，大军出发攻打南昌。此前，阳明打探到宸濠还有一支伏兵潜藏在新旧厂，作为省城（南昌）的援应，便先行派遣奉新知县刘守绪率军从间道夜袭破之。二十日黎明，大军到达南昌城外，阳明坐镇指挥，所率军队分为十三哨，每哨多者三千人，少者一千五百人，分头攻城。伍文定身先士卒，率领士兵攻入广润门，其他各哨也先后攻入城内。擒获栱樤、万锐等千余人，宁王宫中眷属纵火自焚。阳明进城之后，"乃抚定居民，分释胁从，封府库，收印信，人心始宁"。

宸濠率众围攻安庆，久攻不下，本已急躁，又听闻阳明率师北上，进攻南昌，心中益发慌乱，急切率兵回援南昌，安庆之围遂解。南昌城破之时，宸濠还在回援的路上。这时，李士实、刘养正提出了一个败中求胜的策略，那就是回师直捣南京。果真如此，宸濠之乱恐怕也难以一时平息。可是，此时宸濠已然心慌意乱，只想着尽快返回，夺取南昌。

攻克南昌，是平定宸濠之乱的转折点，起到了两个效果：一、攻占了宸濠的大本营，打乱了宸濠的节奏，使得整个局势一下子从被动转为主动；二、顺利解救了安庆之围。可谓一举两得。

四、鄱阳湖大捷

南昌失守，宸濠急急率领大军返回，意欲夺回南昌。二十二日，阳明侦察到宸濠的情况，询问众人如何处置，众人“多以贼势强盛，宜坚壁观衅，徐图进止”，阳明则认为：“贼势虽强，未逢大敌，惟以爵赏诱之。今进不得逞，退无所归，众已消沮。若出奇击惰，不战自溃。所谓先人有夺人之气也。”决定主动出击，就此，一场湖面大会战拉开序幕。《年谱》对鄱阳湖大捷有着较为翔实的描述。

鄱阳湖大捷可以分为四个阶段。第一阶段，诸兵配合协调，战斗进行得非常顺利。

> 会抚州知府陈槐、进贤知县刘源清提兵亦至。乃遣伍文定、邢珣、徐琏、戴德孺各领兵五百，分道并进，

击其不意。又遣余恩以兵四百，往来湖上诱致之。陈槐、胡尧元、童琦、谈储、王暐、徐文英、李美、李楫、王冕、王轼、刘守绪、刘源清等，各引兵百余，四面张疑设伏，候文定等合击之。分布既定，甲寅，乘夜急进。文定以正兵当贼锋，恩继之，珣绕出贼后，琏、德孺张两翼以分其势。乙卯，贼兵鼓噪乘风逼黄家渡，气骄甚。文定、恩佯北以致之，贼争趋利，前后不相及，珣从后横击，直贯其中。文定、恩乘之，夹以两翼，四面伏起，贼大溃，退保八字脑。

第二阶段，宸濠集合所有兵力，意欲殊死一搏。因宸濠调走了九江、安康的兵力，阳明便趁机收复了九江、南康，但是，湖面之战因为“时风势不便，我兵少却”，导致“死者数十人”，阳明命令斩杀率先退却之人，加之伍文定身先士卒，临危不退，最终扭转了战局：

濠惧，厚赏勇者，且令尽发九江、南康守城兵益之。是日，建昌知府曾玙兵亦至。先生以为九江不破，则湖无外援；南康不复，则我难后蹑。乃遣槐领兵四百，合饶州知府林瑊兵攻九江，以广信知府周朝佐取南康。丙辰，贼复并力挑战，我兵少却，文定立铳炮间，火燎其须，殊死战。炮入濠副舟，贼大败，擒斩二千余，溺死者无算。

第三阶段，宸濠“连舟为方阵”，给了阳明一次运用火攻的机会，最终叛兵死伤无数，四处溃奔，宸濠拟投水自尽，被王冕所擒，伪党魁首也大半被擒：

乃聚樵舍，连舟为方阵，尽出金银赏士。先生乃密为火攻具，使琦击其左，琏、德孺出其右，恩等设伏，期火发以合。丁巳，濠方晨朝群臣，责不用命者，将引出斩之。争议未决，我兵掩至，火及濠副舟，众遂奔散。妃嫔与濠泣别，多赴水死。濠为知县王冕所执，与其世子眷属，及伪党士实、养正、刘吉、余钦、王纶、熊琼、卢衍、卢横、丁馈、王春、吴十三、秦荣、葛江、刘勋、何塘、王行、吴七、火信等数百，复执胁从官王宏、王金、杨璋、金山、王畴、程杲、潘鹏、梁宸、郑文、马骥、白昂等，擒斩三千，落水二万余，衣甲器械财物与浮尸横十余里。

第四阶段，尾声。追剿鄱阳湖大捷中逃脱的余贼。

> 余贼数百艘逃溃，乃分兵追剿。戊午，及于昌邑，大破之。至吴城，复斩擒千余，死水中殆尽。己未，得槐等报，各擒斩复千余。盖自起兵至破贼，曾不旬日，纪功凡一万一千有奇。

此上便是鄱阳湖大捷的概况，若是能够据此拍成影视剧，必可成就一次视觉盛宴。在整个鄱阳湖大捷进展之中，阳明则从容自若，讲学不辍，颇有几分成竹在胸的意味。足可见学问愈深，临事愈定。

> 先生入城，日坐都察院，开中门，令可见前后。对士友论学不辍。报至，即登堂遣之。有言伍焚须状，暂如侧席，遣牌斩之。还坐，众咸色怖惊问，先生曰："适闻对敌小却，此兵家常事，不足介意。"后闻濠已擒，问故行赏讫，还坐，咸色喜惊问，先生曰："适闻宁王已擒，想不伪，但伤死者众耳。"理前语如常。傍观者服其学。

据说，王冕将宸濠押解到阳明面前时，宸濠还抱有幻想，对阳明说："王先生，我欲尽削护卫所有，请降为庶民，可乎？"阳明答道："有国法在。"被押上囚车时，宸濠长叹道：

“纣用妇言亡，而我不用妇言亡，天哉！”所谓妇，指宁王妃娄氏，娄氏为大儒一斋（娄谅）之女。阳明十八岁那年，曾在广信拜谒过一斋，一斋跟他讲“圣人必可学而至”，对他有着莫大的激发。娄氏生于大儒之家，知书达理，见宸濠有叛心，时常加以劝阻，可惜宸濠不听，终蒙大难。后来，在宸濠的请求下，阳明派人找到了娄氏之尸，将之安葬。

七月二十八日，阳明押解宸濠返归南昌。自六月十五日听闻宸濠谋反，至鄱阳湖大捷，前后不过一个多月，一场弥天大祸便被阳明从容化解。后世之所以推崇阳明，与擒获宸濠这一惊天功绩有着莫大的关系。然而，儒者并不以成就事功为意，“虽尧、舜之事，亦只是如太虚中一点浮云过目”（《河南程氏遗书》）。

出人意料的是，平定宸濠之乱给阳明带来的并不是赞誉，而是忌妒，乃至是置其于死地。最终，阳明虽然由于处置得当而摆脱了种种纠缠，却还是搭上了得意弟子冀元亨的性命，亦可叹哉！

第十一章　忠泰之难

一、群丑登场

鄱阳湖大捷后，阳明曾吟出一首《鄱阳战捷》：

> 甲马秋惊鼓角风，旌旗晓拂阵云红。
> 勤王敢在汾淮后，恋阙真随江汉东。
> 群丑漫劳同吠犬，九重端合是飞龙。
> 涓埃未遂酬沧海，病懒先须伴赤松。

诗中的“群丑”当指宸濠、李士实、刘养正等。如今，这群小丑已经无法再吠叫，却有另一群小丑正在粉墨登场。正是这一群小丑，差点将阳明置于死地。这就是所谓的忠、泰之难。忠即张忠，泰即许泰，二人皆为武宗的宠臣。忠、泰之难，说起来简直就是一场荒诞的闹剧。

诚如王琼所言，“不久当有捷报至”。七月三十日，阳明便上了《擒获宸濠捷音疏》，细述了平定宸濠之乱的经过。先是朝廷听闻宸濠反叛的消息，兵部开会讨论如何任命将领讨伐反贼，武宗下诏称：“不必命将，朕当亲率六师，奉天征讨。”这武宗又如何会摆兵布阵，所谓亲征，无非是想趁此机会出去游玩一番。“于是，假威武大将军镇国公行事，命太监张永、张忠、安边伯许泰、都督刘晖，率京边官军万余，给事祝续、御史张纶随军纪功”。大军尚未出发，朝廷便已收到阳明的捷音，却压着不发布。于武宗而言，一旦发布，便失去了寻欢作乐的理由。至于张永、张忠、许泰等人，自然是想借武宗亲征前去分一杯羹，赚取一份功劳，所以，他们都说：“元恶虽擒，逆党未尽，不捕必遗后患。”至为荒唐的是，张忠、许泰竟然想出将宸濠放归鄱阳湖，让武宗亲自再擒一番的鬼主意。八月二十二日，亲征大军出发。宸濠既已被擒，叛军也已被灭，故而，所谓亲征，无非两个目的：玩乐与抢功。于是，大军分为两路，一路陪武宗优游玩乐，一路直奔南昌，前去提取宸濠等逆囚，可谓各取所需。

八月十六日，阳明得到了武宗将要亲征的消息。次日，紧急上《请止亲征疏》，简述了平叛过程，将功劳归结于

“祖宗在天之灵，我皇上圣武之懋昭，本兵谋略之素定，官属协力，士卒用命”，并指出“（宸濠）发谋之始，逆料大驾必将亲征，先于沿途伏有奸党，期为博浪、荆轲之谋。今逆不旋踵，遂已成擒，法宜解赴阙门，式昭天讨。然欲付之部下各官押解，诚恐旧所潜布之徒，尚有存者，乘隙窃发，或致意外之虞，臣死且有遗憾”，最后，表示将于九月十一日亲自押送宸濠等逆贼前去献俘。可是，武宗等人对阳明的请止疏置若罔闻，亲征事宜仍旧按既定计划进行。

二、献俘钱塘

时至九月十一日，阳明遵《请止亲征疏》所说，与抚州知府陈槐一道，押解宸濠等一干逆囚，从南昌出发，前往京城献俘。二十五日，阳明抵达广信，“忠、泰等欲追还之，议将纵之鄱湖，俟武宗亲与遇战，而后奏凯论功。连遣人追至广信”。阳明深知一旦将宸濠转交给他们，必将又是一番血雨腥风，百姓遭殃。于是，拒绝将逆囚交给他们。

二十六日，阳明押解逆囚，继续赶路，乘夜过玉山、草萍驿。在草萍驿，阳明听说王师已经到了徐、淮一带，不禁加快了步伐，以期能够及早阻止武宗继续南下。有诗为证：

书草萍驿二首

九月献俘北上，驻草萍，时已暮。忽传王师已及徐、淮，遂乘夜速发。次壁间韵纪之二首。

一战功成未足奇，亲征消息尚堪危；
边烽西北方传警，民力东南已尽疲。
万里秋风嘶甲马，千山斜日度旌旗；
小臣何尔驱驰急，欲请回銮罢六师。

千里风尘一剑当，万山秋色送归航；
堂垂双白虚频疏，门已三过有底忙。
羽檄西来秋黯黯，关河北望夜苍苍；
自嗟力尽螳螂臂，此日回天在庙堂。

十月初，当阳明押解宸濠等逆囚抵达杭州时，太监张永已经在等着他了。张永此行的最初目的，与张忠、许泰一般，也是为了接取宸濠等一干逆囚，而后放归鄱阳。据说，张永还带着大将军（武宗）的钧贴。经过阳明一番晓以大义，最终，张永决定放弃原先的想法。

张永候于杭，先生见永，谓曰："江西之民，久遭濠毒，今经大乱，继以旱灾，又供京边军饷，困苦既极，必逃聚山谷为乱。昔助濠尚为胁从，今为穷迫所激，奸党群起，天下遂成土崩之势。至是兴兵定乱，不亦难乎？”永深然之，乃徐曰：“吾之此出，为群小在君侧，欲调护左右，以默辅圣躬，非为掩功来也。但皇上顺其意而行，犹可挽回，万一若逆其意，徒激群小之怒，无救于天下大计矣。”于是先生信其无他，以濠付之，称病西湖净慈寺。(《年谱》)

后来，张永押解宸濠等逆囚回见武宗，果然“在上前备言公（阳明）尽心为国之忠之功，及彬等欲加害之意，既而彬等果诬公无君欲叛，上不信”（《行状》）。

三、两返南昌

将逆囚交给张永之后，阳明“称病西湖净慈寺”。据《案行浙江按察司交割逆犯暂留养病》疏，在宸濠之乱前，阳明便已患病，经过平定宸濠之乱，更是“病势日重”：

今照前事，本职自度病势日重，猝未易愈，前进既有不能，退回愈有不可，若再迟延，必成两误。除本职暂留当地，请医调治，俟稍痊可，一面仍回省城，或仍前进，沿途迎驾，一面具本乞恩养病另行外。

而武宗则淹留临清，直到十月二十二日方才起驾南行。因为诸事未定，阳明养病期间，心中不免忧虑，生发退隐山林之意：

常苦人间不尽愁，每拼须是入山休。
若为此夜山中宿，犹自中宵煎百忧。
百战西江方底定，六飞南甸尚淹留。
何人真有回天力，诸老能无取日谋？

百战归来一病身，可看时事更愁人。
道人莫问行藏计，已买桃花洞里春。（《宿净寺四首》选二）

尽管如此，眼前的事还是需要去应对。故而，身体略有好转，阳明便决定起程北上迎驾。十一月初，阳明途经苏州、无锡，抵达镇江。在镇江，他拜访了致仕居家的杨一清，在杨一清的待隐园小憩了数日，其间，为待隐园写下了五首诗，其五曰：

芳园待公隐，屯世待公亭。
花竹深台榭，风尘暗甲兵。
一身良得计，四海未忘情。
语及艰难际，停杯泪欲倾。(《杨邃庵待隐园次韵五首》之五)

“语及艰难际，停杯泪欲倾”，可见阳明心中充满了委屈。其后，杨一清作了五首和诗，第三首交代了阳明此番遭遇的缘由：

戎马间关际，风尘澒洞时。
心应悬社稷，身心系安危。
功大反招忌，愁多恐易衰。
冯唐年为老，终动汉王思。(《得王阳明诗依韵寄答》之三)

“功大反招忌”，点出了阳明遭遇忠、泰之难的根源。

阳明还想着北上面君，杨一清深知此时的武宗“群奸在侧，人情汹汹”，必将不利于阳明，“固止之”。适好有旨令阳明“兼巡抚江西”，阳明随即从湖口返还南昌。

首返南昌，阳明怀着深深的担忧。途径小孤山时，他情不自禁地感叹“世情平地犹多艰”：“……烟霞未觉三山远，尘土聊乘半日闲；奇观江海讵为险，世情平地犹多艰。呜呼！世情平地犹多艰，回瞻北极双泪潺。”（《登小孤书壁》）

回到南昌时，张忠、许泰所率京边军士早已驻扎在南昌，于是，又是一番斗智斗勇。

> 先生既还南昌，北军肆坐慢骂，或故冲道起衅。先生一不为动，务待以礼。豫令巡捕官谕市人移家于乡，而以老羸应门。始欲犒赏北军，泰等预禁之，令勿受。乃传示内外，谕北军离家苦楚，居民当敦主客礼，每出，遇北军丧，必停车问故，厚与之榇，嗟叹乃去。久之，北军咸服。会冬至节近，预令城市举奠。时新经濠乱，哭亡酹酒者声闻不绝。北军无不思家，泣下求归。先生与忠等语，不稍徇，渐已知畏。忠、泰自居所长，与先生较射于教场中，意先生必大屈。先生勉应之，三发三中，每一中，北军在傍哄然，举手啧啧，忠、泰大惧曰：“我军皆附王都耶！”遂班师。（《年谱》）

张忠、许泰虽然班师回朝，可是，因为抢功的愿望落空，难免怀恨在心。期间，武宗已经抵达南都。张忠、许泰到了南都之后，联合江彬等人，竭尽小人之能，极力诬陷阳明，声称阳明原本与宸濠合谋，见事情败露，方才反正。武宗大怒，立即派遣锦衣卫前去捉拿阳明，幸亏张永从中周旋保全。

> 永至南京，见上，具言守仁忠，且有大功劳不可掩。时彬等方日夜短守仁于上前，会与上弈戏，永曰："是赖守仁，不然，江西变不可支，主人安得乐此？"又见遣校之江西，永曰："校何往？"上曰："逮守仁耳。"永曰："何故逮之？"上曰："闻守仁尝与宁王有私，故逮之耳。"永曰："甚善。"上曰："何谓也？"永曰："逮谋反者，岂不甚善？第恐不真耳。守仁尝以论瑾遭酷讯，而无改辞者。试问侍上左右，有能与之质对者耶？"于是，遍讯侍者，皆谢不敢，避去。(杨一清《司礼太监张公永墓志铭》)

江彬、张忠、许泰等人仍旧心有不甘，"复诡上曰：'今即不逮守仁，试使召守仁，守仁不即来，则反真矣'"。又是张永暗中帮助，阳明方才得以逃避此难，"永乃赏健走者百金，告守仁以故，使至召守仁，守仁不退食而与使俱行"(同上)。江彬、张忠、许泰等人见阳明闻召即行，又"恐语相违，复拒之芜湖半月"。阳明进退不得，"不得已，入九华山，每日宴坐草庵中"。武宗派人前来窥视，见阳明宴坐草庵，一无反状，便说："王守仁，学道人也，召之即至，安得反乎？"乃有重返江西之命。(《年谱》)于是，阳明再次返归南昌，此时已是正德十五年(1520)正月了。

四、重上捷音

正德十五年二月，阳明抵达南昌。正德十四年，江西干旱，禾苗大多枯死，既而又逢宸濠之乱，"小民乘隙为乱"，到了十五年，百姓艰难度日，征敛官员却"数至，督促日追"。面对这种情况，阳明上疏，请求宽租，其言痛切感人：

> 流移之民闻官军之将去，稍稍胁息延望，归寻其故业，足未入境，而颈已系于追求者之手矣！夫荒旱极矣，而又因之以变乱；变乱极矣，而又竭之以师旅；师旅极矣，而又竭之以供馈，益之以诛求，亟之以征敛。当是之时，有目者不忍睹，有耳者不忍闻，又从而剜其膏血，有人心者而尚忍为之乎？……故宽恤之虚文，不若蠲租之实惠；赈济之难及，不若免租之易行。今不免租税，不息诛求，而徒曰宽恤赈济，是夺其口中之食，而曰吾将疗汝之饥；刳其腹肾之肉，而曰吾将救汝之死。凡有血气，皆将不信之矣。(《乞宽免税粮急救民困以弭灾变疏》)

时至四月，江西又遭逢大水，阳明在尽力组织抗洪救灾的同时，上了一道《水灾自劾疏》，先是描述了大水的严重危害，“自春入夏，雨水连绵，江湖涨溢，经月不退。自赣、吉、临、瑞、广、抚、南昌、九江、南康沿江诸郡，无不被害，黍苗沦没，室庐漂荡，鱼鳖之民聚栖于木杪，商旅之舟经行于闾巷，溃城决限，千里为壑，烟火断绝，惟闻哭声。询诸父老，皆谓数十年来所未有也。”随后自劾失职，并陈述四大罪：

> 静言思究，臣罪实多。何者？宸濠之变，臣在接境，不能图于未形，致令猖突，震惊远迩，乃劳圣驾亲征，师徒暴于原野，百姓殆于道路。朝廷之政令因而阏隔，四方之困惫由是日深。臣之大罪一也。徒避形迹之嫌，苟为自全之计，隐忍观望，幸而脱祸，不能直言极谏以悟主听。臣之大罪二也。徒以逢迎附和为忠，而不知日陷于有过；徒以变更迁就为权，而不知日紊于旧章；徒以掇拾罗织为能，而不知日离天下之心；徒以聚敛征索为计，而不知日积小民之怨。此臣之大罪三也。上不能有裨于国，下不能有济于民，坐视困穷，沦胥以溺。臣之大罪四也。(《水灾自劾疏》)

终而，请求武宗“削其禄秩，黜还田里，以为人臣不职之戒”。很显然，阳明乃是在借自劾劝谏武宗。疏上，武宗不予理睬。

六月下旬，阳明抵达赣州，整顿军政，操练兵法。这本是阳明职责所在，却引发了江彬、张忠、许泰等人的恐慌，甚至猜疑阳明此举是要发动兵变，以清君侧。于是，派人到赣州窥伺阳明。门人朋友们不免惊慌，纷纷劝说阳明返回南昌，远离是非，阳明付之一哂，作了一首《啾啾吟》：

知者不惑仁不忧，君胡戚戚眉双愁？
信步行来皆坦道，凭天判下非人谋。
用之则行舍即休，此身浩荡浮虚舟。
丈夫落落掀天地，岂顾束缚如穷囚？
千金之珠弹鸟雀，掘土何烦用镯镂？
君不见，东家老翁防虎患，虎夜入室衔其头。
西家儿童不识虎，执竿驱虎如驱牛。
痴人惩噎遂废食，愚者畏溺先自投。
人生达命自洒落，忧谗避毁徒啾啾！

由此可见，经历忠、泰之难，阳明胸中已然洒落。

门人陈九川也曾劝说阳明，阳明则对他说：“公等何不讲学？吾昔在省城，处权竖，祸在目前，吾亦帖然。纵有大变，亦避不得。吾所以不轻动者，亦有深虑焉耳。”（《年谱》）据“纵有大变，亦避不得”之言，可知阳明已入“修身俟命”之境。

武宗抵达南都之后，逍遥度日，时日一久，心生厌烦，便想要继续南游，大臣们伏阙泣谏，武宗方才打消念头，决定返回京都。然而，江彬、张忠、许泰等人未能抢得半点功劳，又岂肯心甘？于是，“欲自献俘袭功”，此时，又是张永据理力争：

> 武宗留南都既久，群党欲自献俘袭功。张永曰：“不可。昔未出京，宸濠已擒，献俘北上，过玉山，渡钱塘，经人耳目，不可袭也。”（《年谱》）

最终，武宗下旨让阳明重上捷音，将江彬、张忠、许泰等作为有功之人写进捷报。为了尽早结束这场闹剧，“先生乃节略前奏，入诸人名于疏内，再上之”。得到新的捷报之后，武宗诸人“始议北旋”（同上）。至此，忠、泰之难，总算是画上了一个句号。这时已是七月，距离擒获宸濠已经整整一年。

据说，武宗还上演了一场教场擒宸濠的游戏，而后启程返京，依旧是一路游玩，直到十二月十日，方才抵达京师。九月十二日，一行人抵达清江时，武宗亲驾小舟作乐，结果翻舟落水，得了伤寒。返归京城之后，武宗不知收敛，依旧恣意纵欲，于次年三月一命呜呼了。

后来，阳明回顾忠、泰之难时，曾说："这一段劳苦，更胜起义师时。"绪山在《年谱》中也说："平藩事不难于倡义，而难于处忠、泰之变。盖忠、泰挟天子以偕乱，莫敢谁何？"

五、痛失元亨

曰仁之逝，由于疾病，尚可接受；元亨之逝，则出于无妄之灾，着实令人难以释怀。

元亨从学阳明甚早，在阳明谪居龙场之时，便已从学；后来又曾至滁州、南都问学，《传习录》上便录有元亨问学条目（薛侃录）。先是张忠、许泰等人诬陷阳明与宸濠私谋逆反，率领京边军士入驻南昌之后，便想方设法收集阳明与宸濠私通的证据，可是，忙碌一番，一无所获。后来，在一次审讯宸濠之时，听闻阳明曾遣派元亨为其讲学，张忠、许泰等人大喜，"搒元亨，加以炮烙，终不承，械系京师诏狱"。阳明确实曾派元亨给宸濠讲学，《明史·冀元亨传》交代得很是翔实：

> 冀元亨，字惟乾，武陵人，笃信守仁说。举正德十一年乡试。从守仁于赣，守仁属以教子。宸濠怀不轨，而外务名高，贻书守仁问学，守仁使元亨往。宸濠语挑之，佯不喻，独与之论学，宸濠目为痴。他日讲《西铭》，反覆君臣义甚悉，宸濠亦服，厚赠遗之，元亨反其赠于官。已，宸濠败，张忠、许泰诬守仁与通。

然就此指证阳明与宸濠有私谋，实在牵强。真所谓“欲加之罪，何患无辞”。

正德十五年（1520）八月，阳明上了《咨六部伸理冀元亨》，书上，并无任何消息，更无任何进展。该书中，阳明交代了自己派元亨给宸濠讲学的意图，并指出宸濠是为了“泄其仇愤”，陷害元亨：

> 时因宁藩宸濠潜谋不轨，虐焰日张，本职封疆连属，欲为曲突徙薪之举，则既无其由；将为发奸摘伏之图，则又无其实。偶值宸濠饰诈要名，礼贤求学，本职因使本生乘机往见宸濠，冀得因事纳规，开陈大义，沮其邪谋。如其不可劝喻，亦因得以审察动静，知其叛逆

迟速之机，庶可密为御备。本生既与相见，议论大相矛盾，宸濠以本职所遣，一时虽亦含怒遣发，而毒怒不已，阴使恶党，四出访缉，欲加陷害。本生素性愿悫，初不之知，而本职风闻其说，当遣密从间道潜回常德，以避其祸。后宸濠既败，痛恨本职起兵攻剿，虽反噬之心无所不至，而天理公道所在，无因得遂其奸，乃以本生系本职素所爱厚之人，辄肆诋诬，谓与同谋，将以泄其仇愤。

直到正德十六年（1521）四月，事情方才有转机。三月十四日，武宗驾崩豹房。四月二十二日，世宗即位，随后大赦天下，元亨也在大赦之内。可是，因为久受折磨，元亨已经患有恶疾，大赦五日后，便逝于牢狱之中。阳明闻讯，痛心不已，“为位恸哭之”：

世宗登极，诏将释。前已得疾，后五日，卒于狱。同门陆澄、应典辈备棺殓。讣闻，先生为位恸哭之。（《年谱》）

元亨在牢狱之中，也不忘讲学；并且齐家有得，妻女举动无不合乎礼制：

其学以务实不欺为主，而谨于一念。在狱视诸囚不异一体，诸囚日涕泣，至是稍稍听学自慰。湖广逮其家，妻李与二女俱不怖，曰：“吾夫平生尊师讲学，肯有他乎？”手治麻枲不辍，暇则诵《书》歌《诗》。事白，守者欲出之。李曰：“不见吾夫，何归？”按察诸僚妇欲相会，辞不敢赴，已乃洁一室，就视，则囚服不释麻枲。有问者，答曰：“吾夫之学不出闺门衽席间。”闻者悚愧。元亨既卒，先生移文恤其家。（同上）

第十二章　良知之教

一、“致良知”之教的确立

阳明学即良知学，“致良知”乃是阳明学的核心。尽管早在龙场悟道之后，阳明便已经提出了“心即理”“知行合一”等阳明学的核心要义，然而，唯有等到“致良知”之教的确定，阳明学方才真正确立。

关于阳明何时提出“致良知”之教，古今有着诸多论述，有正德四年（1509）说，有正德十四年（1519）说，有正德十五年（1520）说，有正德十六年（1521）说。经过反复梳理，笔者认为应当以正德十五年说为妥。

正德十五年正月，阳明再次返归南昌。此时，虽然忠、泰之难的闹剧尚未结束，却也已是“轻舟已过万重山”，不会再产生什么实质性的危害了。于是，阳明一面恢复处置政务，一面继续讲学。

前有宸濠之乱，后有忠、泰之难，经过多番磨砺，阳明对于良知有了更加透彻的体认：

> 吾于平濠之后，致知格物之学愈觉明彻。良知不学不虑，天植灵根，无间于圣凡，人人所同具。但不能实致其知，牵泥搀和，自滑其灵，所以失之。大都世间毁誉利害，不过一身荣辱，一人得丧。吾所遭谤，构以党逆无将之恶名，蒙以灭族无辜之隐祸，幾微倏倏之际，间不容发，若不能自信其心，略为形迹所滞，机稍不密则失身，根稍不真则偾事，晦而明，曲而理，种种苦心，只好自知自信。意之微妙，口不能宣，而况于人乎？（王畿《先师画像记后语》）

在“构以党逆无将之恶名，蒙以灭族无辜之隐祸”之时，阳明但凡有一念机心、一毫私虑，必将为张忠、许泰等人抓住把柄，“失身”固是必然，“偾事”也是难免。其间又不容许他有丝毫辩解的机会，此时，阳明“只好自知自信”，一切交由良知做主。正是在如此动心忍性的磨砺之下，阳明对于良知有了无比坚定的信心，“致良知”之教也在这个过程中逐渐明确。诚如阳明所说：“某于此良知之说，从百死千难中得来。”

其实，早在正德十四年春，宸濠之乱之前，阳明便已经有“致良知”之教。其时，东廓（邹守益）到虔州向阳明问学，阳明对他说：“致知者，致吾心之良知于事事物物也；致吾心之良知于事事物物，则事事物物皆得其理矣。独，即所谓良知也；慎独者，所以致其良知也；戒慎、恐惧，所以慎其独也。”（《耿定向集》卷十四《东廓邹先生传》）倘若没有宸濠之乱，阳明或许会早一些时间提出“致良知”之教。然而，势必没有经历宸濠之乱及忠、泰之难后那般坚决、笃定。

当然，阳明与良知一直有着密切的关联。当年，他在阳明洞修静之时，因为良知——一念孝思而渐悟佛、老之非；在贬谪龙场拟欲遁隐之时，也是因为良知——一念孝思而毅然奔赴龙场。龙场悟道，体悟得“心即理”，良知已然跃然欲出了。如在京都论学之时，阳明便曾与曰仁说：

> 知是心之本体，心自然会知：见父自然知孝，见兄自然知弟（悌），见孺子入井自然知恻隐，此便是良知，不假外求。若良知之发，更无私意障碍，即所谓“充其恻隐之心，而仁不可胜用矣”。然在常人不能无私意障碍，所以须用致知格物之功。胜私复理，即心之良知

更无障碍，得以充塞流行，便是致其知。知致则意诚。（《传习录》上）

又如在滁州时，与元亨论学时，阳明也曾说：

知是理之灵处。就其主宰处说，便谓之心；就其禀赋处说，便谓之性。孩提之童无不知爱其亲，无不知敬其兄，只是这个灵能不为私欲遮隔，充拓得尽，便完完是他本体，便与天地合德。自圣人以下，不能无蔽，故须格物以致其知。（同上）

只是那时尚未经历诸多磨砺，良知二字的力量尚未真切体现出来，故而，阳明“点此二字不出”：

吾良知二字，自龙场以后，便已不出此意，只是点此二字不出。于学者言，费却多少辞说。今幸见出此意，一语之下，洞见全体，真是痛快，不觉手舞足蹈。学者闻之，亦省却多少寻讨功夫。学问头脑，至此已是说得十分下落，但恐学者不肯直下承当耳。（《传习录拾遗》）

可见阳明自龙场之后，一直在寻找一个简洁、准确的说法以便教导学者。“心即理”与“知行合一”固然不错，可是，一论本体，一论知行，终归还是偏于一端，尚未圆满。直到点出良知二字，阳明方才觉得彻上彻下，通体一贯，正所谓“一语之下，洞见全体”，更无遗憾。

阳明首次明确提出“致良知”，是在正德十四年，也就是与东廓讲学之时。正因为此，束景南便执定阳明于正德十四年提出“致良知”之教。笔者之所以不认可这一论断，原因很简单，阳明固然已经提出“致吾心之良知于事事物物”，然而，终究不如他在经历宸濠之乱及忠、泰之难之后，对于“致良知”的体悟来得深刻，来得真切。况且，阳明随后便已全身心投入平叛，并应付接踵而来的诽谤、诬陷，根本没有空隙容许他去提出“致良知”之教。直到忠、泰之难告一段落后，阳明返回南昌，继续讲学，终于有了时间，可以大力阐发“致良知”之教。且据阳明自述，正是由于经历宸濠之乱及忠、泰之难，方才使得他体贴到“良知妙用”真是“触机神应”，“顺万物之自然，而我无与焉”。

返归南昌之后，阳明曾到赣州。赣州期间，阳明“致良知”之教便已然确立：

> 庚辰，往虔州再见先生，问："近来功夫虽若稍知头脑，然难寻个稳当快乐处。"先生曰："尔却去心上寻个天理，此正所谓理障。此间有个诀窍。"曰："请问如何？"曰："只是致知。"曰："如何致？"曰："尔那一点良知，是尔自家底准则。尔意念着处，他是便知是，非便知非，更瞒他一些不得。尔只不要欺他，实实落落依着他做去，善便存，恶便去，他这里何等稳当快乐！此便是格物的真诀、致知的实功。若不靠着这些真机，如何去格物？我亦近年体贴出来如此分明，初犹疑只依他恐有不足，精细看无些小欠阙。"（《传习录》下）

庚辰，即正德十五年。虔州，即赣州。南宋绍兴二十三年（1153）改虔州为赣州，其后，赣州、虔州二名时常互用。阳明所谓"我亦近年体贴出来如此分明"，便是经历宸濠之乱及忠、泰之难，于动心忍性之中所获得的体悟。故而，《年谱》有云："自经宸濠、忠、泰之变，益信良知真足以忘患难，出生死，所谓考三王、建天地、质鬼神、俟后圣，无弗同者。"其后，阳明还曾"疑只依他恐有不足"，又经过反复思虑、探究，终而觉得"无些小欠阙"。待到九川前来问学时，已然笃定无疑了。自此而后，阳明在教学中，便开始反复强调“致良知”了。如：

先生曰：“人若知这良知诀窍，随他多少邪思枉念，这里一觉，都自消融。真个是灵丹一粒，点铁成金。”（同上）

九川问：“自省念虑，或涉邪妄，或预料理天下事，思到极处，井井有味，便缱绻难屏。觉得早则易，觉迟则难，用力克治，愈觉扞格。惟稍迁念他事，则随两忘，如此廓清，亦似无害。”先生曰：“何须如此！只要在良知上着功夫。”九川曰：“正谓那一时不知。”先生曰：“我这里自有功夫，何缘得他来？只为尔功夫断了，便蔽其知。既断了，则继续旧功便是，何必如此！”（同上）

九月，阳明自赣州返归南昌，心斋（王艮）前来论学，阳明也是与之讲“致知格物”之说：

泰州王银服古冠服，执木简，以二诗为贽，请见。先生异其人，降阶迎之。既上座，问：“何冠？”曰：“有虞氏冠。”问：“何服？”曰：“老莱子服。”曰：“学老莱子乎？”曰：“然。”曰：“将止学服其服，未学上堂诈跌掩面啼哭也？”银色动，坐渐侧。及论致知格物，悟曰：

> “吾人之学，饰情抗节，矫诸外；先生之学，精深极微，得之心者也。”遂反服执弟子礼。先生易其名为艮，字以汝止。(《年谱》)

阳明所讲的“致知格物”之说，正是“致良知”。董燧在《心斋年谱》中曾详述心斋与阳明论学情景：阳明“讲及致良知”，心斋叹曰：“简易直截，予所不及。”乃下拜而师事之。可是，回到馆舍，思来又觉得其中有不相契合之处，遂自悔曰：“吾轻易矣。”明日，“复入见曰：‘绎思所闻，轻易拜矣，请与再论。’先生复上座，公喜曰：‘善！有疑便疑，可信便信，不为苟从，予所甚乐也。’乃又反复论难，曲尽端委，心大服……公曰：‘吾擒宸濠，一无所动，今却为斯人动’”。心斋后来返归泰州，本于阳明良知之教，提倡“淮南格物”之说，开创了泰州学派。

阳明“致良知”之教，一经提出，便再也没有动摇过。而阳明则逢人便说良知，以至于有人相问：“除却良知，还有甚么说得？”阳明则答曰：“除却良知，还有甚么说得！”(《寄邹谦之三》)

龙场悟道，阳明之所悟，要在“心即理”；阳明最终之教，却是“致良知”。那么，“心即理”与“致良知”二者有何关系？笔者以为阳明之学虽然前后表述略有不同，其实则一以贯之。只是“心即理”侧重本体而言，“致良知”则侧重工夫而言。因为“致”的是良知，良知即本心之知。所以，又可以说“致良知”乃是即本体即工夫、即工夫即本体的。较之“心即理”，“致良知”更为圆满。当然，“心即理”是“致良知”之教的前提，没有“心即理”作为前提，也就谈不上良知，更谈不上“致良知”。“心即理”，则心之所发莫不合理，皆为良知。故知，“致良知”其实就是“致心”。准确地说，“致良知”即是“致本心”。事实上，在教谕杨茂之时，阳明之教正是“致本心”。杨茂是一个聋哑人，无法用语言交流，阳明便写字问他，他也写字作答，并间以动作：

> 你口不能言是非，你耳不能听是非，你心还能知是非否？答曰：“知是非。”如此，你口虽不如人，你耳虽不如人，你心还与人一般。茂时首肯拱谢。大凡人只是此心。此心若能存天理，是个圣贤的心。口虽不能言，耳虽不能听，也是个不能言不能听的圣贤；心若不存天理，是个禽兽的心。口虽能言，耳虽能听，也只是个能言能听的禽兽。茂时扣胸指天。你如今于父母，但尽你心的孝；于兄长，但尽你心的敬；于乡党邻里、宗族亲戚，但尽你心的谦和恭顺。见人怠慢，不要嗔

怪；见人财利，不要贪图。但在里面行你那是的心，莫行你那非的心。纵使外面人说你是，也不须听；说你不是，也不须听。茂时首肯拜谢。你口不能言是非，省了多少闲是非；你耳不能听是非，省了多少闲是非。凡说是非，便生是非，生烦恼；听是非，便添是非，添烦恼。你口不能说，你耳不能听，省了多少闲是非，省了多少闲烦恼，你比别人到快活自在了许多。茂时扣胸指天躄地。我如今教你但终日行你的心，不消口里说；但终日听你的心，不消耳里听。茂时顿首再拜而已。（《谕泰和杨茂》）

"心具理"，故"心若能存天理"即是本心。阳明所指示杨茂的，无非是"致本心"——"但终日行你的心，不消口里说；但终日听你的心，不消耳里听"。本心知是知非，即是良知，"致本心"即"致良知"，"致良知"即"致本心"。那么，阳明为何不提倡"致本心"，却提倡"致良知"呢？因为良知即体即用，讲"致良知"，不但讲求本体，还讲求发用，可谓是彻上彻下的工夫。讲"致本心"，则易令人注重本体而忽视发用。

阳明"致良知"之教，乃是经由千锤百炼所得，"从百死千难中得来"。故而，他极其自信，自述"近来信得致信得

‘致良知’三字，真圣门正法眼藏”，甚或称“我此良知二字，实千古圣圣相传一点滴骨血也”（《年谱》），大有“建诸天地而不悖，质诸鬼神而无疑，百世以俟圣人而不惑”（《中庸》）之意。就此，真正意义上的阳明学诞生了。

二、何为良知？

要“致良知”，首先要明晓良知为何。

良知之说，本于孟子：“人之所不学而能者，其良能也；所不虑而知者，其良知也。孩提之童，无不知爱其亲者，及其长也，无不知敬其兄也。”（《孟子·尽心上》）良能是不需要学习就能够做到的，良知是不需要思虑就能够知道的，良能、良知，乃是我们生而具足的，乃是本然之能、本然之知。需要注意的是，良能与良知不是两个截然二分的概念，而是一体的：良能的背后是良知，良知的落实即是良能。两者的关系，就是知与行的关系，讲一个良能，已有良知在；讲一个良知，已有良能在。良知即本然之知，亦即本心之知，根本体现乃为知是知非，也就是“是非之心”。所以，阳明往往会说“良知只是个是非之心”：

“良知只是个是非之心，是非只是个好恶，只好恶就

> 尽了是非，只是非就尽了万事万变。”又曰：“是非两字，是个大规矩，巧处则存乎其人。”（《传习录》下）

“是非之心”同样本于孟子：“无恻隐之心，非人也；无羞恶之心，非人也；无辞让之心，非人也；无是非之心，非人也。恻隐之心，仁之端也；羞恶之心，义之端也；辞让之心，礼之端也；是非之心，智之端也。”（《孟子・公孙丑上》）“恻隐之心，人皆有之；羞恶之心，人皆有之；恭敬之心，人皆有之；是非之心，人皆有之。恻隐之心，仁也；羞恶之心，义也；恭敬之心，礼也；是非之心，智也。仁、义、礼、智，非由外铄我也，我固有之也，弗思耳矣。”（《孟子・告子上》）良知为“不虑而知者”，“是非之心”乃是吾人生而“固有”的，孟子之意已然很明显：良知即“是非之心”，良知即“智”。由此可见，阳明之“良知”实本于孟子，后世动辄妄议阳明学本于禅学，着实无端！

良知即“是非之心”，即是“智”，乃是人人生而具足的。那么，良知究竟从何而来？这就需要了解一下儒家的宇宙论。儒家之学乃是天人之学，所追求的最终境地乃为天人合一。用《易经》中的话来讲，便是“与天地合其德，与日月合其明，与四时合其序，与鬼神合其吉凶，先天而天弗违，后天而奉天时”；用孟子的话来讲，便是“所过者化，所存者神，上下与天地同流”（《孟子·尽心上》）。孔子自述“七十而从心所欲不逾矩”（《论语·为政第二》），讲的也是这样一个境地。

儒家讲求天人合一，是因为认识到人是天的一部分，天则决定人则。用今天的话来说，便是人是宇宙的一分子，宇宙论决定人生论。所以，儒者首先要知天。不知天，则不可以知人，而“思知人，不可以不知天”（《中庸》）。故而，历来儒者喜欢探究天，动辄云天道、天理。然而，如果仅仅只是知天、知人，也就是通晓宇宙论、人生论，那还只是认知层面的事。儒家知天、知人之后，还需要真正去履行人则——人之为人之则。人则本于天则，履行人则，即是合于天则，纯然履行人则便是天人合一之境。所以，儒家还有工夫论。所谓工夫，就是通向纯然履行人则——天人合一之境的种种路径和方法，只不过这些路径和方法需要我们去切实践行，否则，就只是纸面上的工夫论，对于生命本身而言毫无意义。

宇宙论、人生论、工夫论，三层环环相扣，相辅相成，构成了儒学的根基：宇宙论知天，人生论知人，工夫论指引我们走向天人合一之境。回顾整个儒学史，往圣先贤们所讨论的莫过于此。有人会说，儒家还有政治论等致用之学，却不知人生论已然包含了这一切。儒家的人生论并不是脱离世间的，履行人则，自然就会在世间体现为事业，齐家、治国、平天下，都是人生论的一部分。只不过，这一切都是在切实履行工夫之后的自然外显。脱离了工夫论，而妄谈政治论，最终难免会削足适履，沦为政治的附庸。

关于儒家的宇宙论，笔者在他处已有多番陈述，此处且概述之。儒家通过观象，体认得宇宙是一个生生整体，就此体认得宇宙本体乃为生生。生生本体即理即气，理气不二，气为载理之气，理为气化之则。理为生生之理，气为生生之气，生生不已。生生之气运化而分为阴阳二气，“阳变阴合，而生水、火、木、金、土”（周敦颐《太极图说》），五行之气在交汇、碰撞中聚合，化生万物。与此同时，生生之理则随之转化为万物之性。故知，万物之形悉皆本于生生之气，万物之性悉皆本于生生之理。一言以蔽之，万物纯然生生。遗憾的是，万物之中，惟有人是由五行之秀气化生而成，能够推求而活出纯然生生的本然状态，而其他万物则不具备这个能力。而一旦人不能够通过推求而活出生命的本然状态，那就与其他万物并无差别，甚或会因为人类的习气重、私欲盛而不如其他万物。正因为此，孟子才会指出“人之所以异于禽兽者几希，庶民去之，君子存之”（《孟子·离娄下》）。

了解了儒家的宇宙论，就会明晓良知从何而来。良知本于性——生生之理，良知所知的是非，则为合于生生之理的为是，违背生生之理的为非。顺应良知而为，无非是生生。具体而言，便是好生、利生、尊生、循生、守生等。在先儒那里，生生本体（宇宙本体）往往又被称作为天，如《中庸》首句“天命之谓性”的“天”，正是生生本体。故知，生生之理即是天理，天理即是生生之理。故而，阳明论良知，往往会直接称“良知即是天理”：

> 明道云：“吾学虽有所受，然天理二字却是自家体认出来。”良知即是天理。体认者，实有诸己之谓耳，非若世之想像讲说者之为也。近时同志，莫不知以良知为说，然亦未见有能实体认之者，是以尚未免于疑惑。盖有谓良知不足以尽天下之理，而必假于穷索以增益之者；又以为徒致良知未必能合于天理，须以良知讲求其所谓天理者，而执之以为一定之则，然后可以率由而无弊。是其为说，非实加体认之功而真有以见夫良知者，则亦莫能辨其言之似是而非也。（《与马子莘》）

然而，在阳明这里，良知既是本体，又是发用。故而，他又常常会说“良知”是“天理之昭明灵觉处”：

良知是天理之昭明灵觉处，故良知即是天理。思是良知之发用。若是良知发用之思，则所思莫非天理矣。良知发用之思，自然明白简易，良知亦自能知得；若是私意安排之思，自是纷纭劳扰，良知亦自会分别得。盖思之是非邪正，良知无有不自知者。所以认贼作子，正为致知之学不明，不知在良知上体认之耳。(《传习录》中《答欧阳崇一》)

盖良知只是一个天理自然明觉发见处，只是一个真诚恻怛，便是他本体。故致此良知之真诚恻怛以事亲便是孝，致此良知之真诚恻怛以从兄便是弟(悌)，致此良知之真诚恻怛以事君便是忠。(《传习录》中《答聂文蔚二》)

阳明还曾说过“良知是造化的精灵”，也就是说，在阳明看来，良知即是生生本体。概而言之，阳明通过一个良知，将宇宙论、人生论、工夫论全然贯通起来：天(宇宙本体)即良知，人生当以良知为本，人能纯然活出良知，便是与天合一，而工夫则在于“致”良知。

三、如何“致良知”？

明晓了良知为何，再来谈如何“致良知”，也就水到渠成了。

首先，我们来了解一下阳明关于“致良知”的定义：

> 所谓致知格物者，致吾心之良知于事事物物也。吾心之良知，即所谓天理也。致吾心良知之天理于事事物物，则事事物物皆得其理矣。致吾心之良知者，致知也；事事物物皆得其理者，格物也。（《传习录》中《答顾东桥书》）

所谓“致良知”，就是“致吾心之良知于事事物物”。良知乃是人人生而具足的，是“固有之”的，在应事应物之时，良知会自然而然发用出来，就此将良知的发用落实下来，便是“致良知”。可是，因为常人会有诸多的私欲，往往会导致良知得不到落实，所以，要先去克治私欲，方能“致良知”。

其次，我们来探究一下“致良知”的工夫：

“致良知”就是落实良知。应事应物之时，良知知是知非、知善知恶，对于是，对于善，就不顾一切地去落实；对于非，对于恶，就笃实地去遏制。这就是“致良知”的工夫。一言以蔽之，“致良知”的工夫，便是将一切都交给良知作主，“于良知之善恶者，无不诚好而诚恶之”（《大学问》)。

再次，来谈一谈“致良知”的要点：

第一个要点是要在良知上“真切体认”：

> 若不就自己良知上真切体认，如以无星之称而权轻重、未开之镜而照妍媸，真所谓以小人之腹而度君子之心矣。(《传习录》中《答周道通书》)

应事应物之时，私欲往往会跳出来横加干涉。一旦我们对于良知的体认不够真切，就会以妄为真，将私欲视为良知。所以，初学者需要去“真切体认”：在眼前的这件事上，我是否已经抛开了一切私欲，而纯然是良知的应对？其中是否已经没有任何一点计较、权衡？若是有，又是本于什么？这一个要点有两层意义：一是可以确认良知，良知自知，当我们去确认自己的心意是否为良知的发用时，总是能够得到清晰的答案。二是可以借此机会来克治潜藏的私欲，这就是事上磨炼的意义。

第二个要点是从一念良知处下手：

> 一友自叹：“私意萌时，分明自心知得，只是不能使他即去。”先生曰：“你萌时，这一知处便是你的命根。

当下即去消磨，便是立命工夫。”（《传习录》下）

觉察到私意萌生的，正是我们的良知。觉察到私意之后，正当抓住“这一知处”，当下“即去消磨”，不可犹豫，不可宽容，这就是“致良知”。一旦如此，时日一久，工夫愈来愈密，便自然事事都能本于良知。

第三个要点是“致良知”就在日常之间：

大抵学问功夫只要主意头脑是当，若主意头脑专以“致良知”为事，则凡多闻多见，莫非“致良知”之功。盖日用之间，见闻酬酢，虽千头万绪，莫非良知之发用流行，除却见闻酬酢，亦无良知可致矣。故只是一事。（《传习录》中《答欧阳崇一》）

“除却见闻酬酢，亦无良知可致矣”，所以不要刻意去求事来应，各人随各人的状态，在日常生活中，踏踏实实，一点一滴地“致”下去。

第四个要点是举凡有任何计较之意，都是因为“致良知”还不够真切：

君子之酬酢万变，当行则行，当止则止，当生则生，当死则死，斟酌调停，无非是致其良知以求自慊而已。故“君子素其位而行”“思不出其位”，凡谋其力之所不及而强其知之所不能者，皆不得为“致良知”；而凡“劳其筋骨，饿其体肤，空乏其身，行拂乱其所为，动心忍性以增益其所不能”者，皆所以致其良知也。若云“宁不了事，不可不加培养”者，亦是先有功利之心，较计成败利钝而爱憎取舍于其间，是以将“了事”自作一事，而“培养”又别作一事，此便有是内非外之意，便是“自私用智”，便是“义外”，便有“不得于心，勿求于气”之病，便不是“致良知”以求自慊之功矣。所云“鼓舞支持，毕事则困惫已甚”，又云“迫于事势，困于精力”，皆是把作两事做了，所以有此。凡学问之功，一则诚，二则伪。凡此皆是“致良知”之意欠诚一真切之故。《大学》言：“诚其意者，如恶恶臭，如好好色，此之谓自慊。”曾见有恶恶臭、好好色而须“鼓舞支持”者乎？曾见“毕事则困惫已甚”者乎？曾有“迫于事势，困于精力”者乎？此可以知其受病之所从来矣。（同上）

若是真切“致良知”，任他酬酢万变，也只是“致良知”一事而已。事事致我的良知，时时致我的良知，只问该不该、当不当，管他有无鼓舞，管他事势如何，管他精力足不足。果真如此行将下去，又何愁不到贤圣地位？

第五个要点是“致良知”要着实用功；“致良知”的工夫，说来并没有什么奇特之处。只是要将良知落实下来，务必着实用功。

> 一友问功夫不切。先生曰：“学问功夫，我已曾一句道尽，如何今日转说转远，都不着根？”对曰：“致良知盖闻教矣，然亦须讲明。”先生曰：“既知致良知，又何可讲明？良知本是明白，实落用功便是。不肯用功，只在语言上转说转糊涂。”（《传习录》下）

而今世人动辄讲“良知”，动辄讲“致良知”，恐怕大多数人跟这位朋友一般，“在语言上转说转糊涂”，这样就不是“致良知”。“致良知”乃是真实功夫，而不是嘴皮上的工夫。

> 先生曰：“吾与诸公讲致知格物，日日是此，讲一二十年俱是如此。诸君听吾言，实去用功，见吾讲一番，自觉长进一番。否则，只作一场话说，虽听之亦何用？”（同上）

总而言之，“致良知”需要着实用工。“致良知”的工夫在于“致”，切实地去“致”。

第六个要点是“致良知”是一个循序渐进的过程；“致良知”不存在一蹴而就，而是一个渐进的过程。随着对良知的体认越来越清明，良知的落实就会越来越广泛，最终时时刻刻、事事物物都是良知的落实。而最初则必须“各随分限所及”笃实地去“致良知”：

> 我辈致知，只是各随分限所及。今日良知见在如此，只随今日所知扩充到底；明日良知又有开悟，便从明日所知扩充到底。如此方是精一功夫。与人论学，亦须随人分限所及。如树有这些萌芽，只把这些水去灌溉。萌芽再长，便又加水。自拱把以至合抱，灌溉之功皆是随其分限所及。若些小萌芽，有一桶水在，尽要倾上，便浸坏他了。（同上）

要使得良知日益“开悟”，就必须去思，“良知愈思愈精明，若不精思，漫然随事应去，良知便粗了”（《传习录》下）。所谓“思”，便是在应事应物之时，到心上去体认良知。“致良知”要持久用功，并且要勇，才能够有所成就。当陈九川向阳明表达“致良知”工夫“直是难鏖，虽知，丢他不去”时，阳明对他说：“须是勇。用功久，自有勇。故曰‘是集义所生者’，胜得容易，便是大贤。”（同上）而当门人欧阳德对“致良知”生有轻易之心时，阳明则指出“致良知”“功夫愈久，愈觉不同”：

> 崇一曰：“先生致知之旨，发尽精蕴，看来这里再去不得。”先生曰：“何言之易也！再用功半年看如何，又用功一年看如何。功夫愈久，愈觉不同，此难口说。”（《传习录》下）

崇一，欧阳德之字。“致良知”是一个循序渐进的过程，所以最怕急于求成，一旦急于求成，便会寻求捷径，犯下助长之病。而助长之病最是坏事，往往不但无功，还会“连前些子功夫都坏了”：

> 诸君功夫最不可助长。上智绝少，学者无超入圣人之理。一起一伏，一进一退，自是功夫节次。不可以我前日用得功夫了，今却不济，便要矫强，做出一个没破绽的模样，这便是助长，连前些子功夫都坏了。此非小过。譬如行路的人，遭一蹶跌，起来便走，不要欺人做那不曾跌倒的样子出来。诸君只要常常怀个“遁世无闷，

> 不见是而无闷”之心，依此良知，忍耐做去，不管人非笑，不管人毁谤，不管人荣辱，任他功夫有进有退，我只是这“致良知”的主宰不息，久久自然有得力处，一切外事亦自能不动。（同上）

世间没有“超入圣人之理”，所以，“致良知”应当于外在的一切得失荣辱不闻不问，我只是致我的良知，任他风雨飘摇，任他动荡不安！

“致良知”之教去掉了一切枝枝叶叶，直达根本，并且亲切易懂，加之人人皆有良知，都可以用得上力。所以，阳明揭示“致良知”之教后，教学效果颇佳：

> 近时四方来游之士颇众，其间虽甚鲁钝，但以良知之说略加点掇，无不即有开悟，以是益信得此二字真吾圣门正法眼藏。（《与邹谦之二》）

第十三章　居越岁月

一、归省

阳明的归省之路颇为艰难。自正德十四年正月起，他便已上疏乞归，其后，又曾四次乞请归乡省葬。可是，终武宗之朝也未能如愿。直到正德十六年八月，世宗已经即位近四个月了，方才得以成行。

阳明本就体弱，加之常年平寇，身体益发羸弱，百病缠身，又听闻祖母岑氏病危，便心生退归之意。于是，于正德十四年正月十四日上了《乞放归田里疏》，疏上，不允。适好此时福建发生兵变，朝廷下旨命令阳明前去处置叛军。阳明致信王琼，指出“闽中之变，亦由积渐所致，始于延平，继于邵武，又发于建宁，于汀、漳，于沿海诸卫所”，并表示“将来之祸，不可胜言，固非迂劣如某所能办此也。又况近日祖母病危，日夜痛苦，方寸已乱”，乞求王琼“改授”，以“使全首领以归”。(《年谱》)而王琼知道宸濠将叛，此时断断不可让阳明退归，于是，只是劝慰一番而已。

六月十五日，阳明在前往福建的途中听闻宸濠叛乱，遂返吉安，起义兵。六月十九日，阳明上《飞报宁王谋反疏》，六月二十一日，上《再报谋反疏》。此时，祖母岑氏已逝，父亲龙山公也因为悲伤过度，“病卧苫庐”。阳明的孝思之情无法抑制，于是，在上《再报谋反疏》的同时，上了《乞便道省葬疏》，乞求归省。疏上，不久后，朝廷下旨称“所奏省亲事情，待贼平之日来说”(见《二乞便道省葬疏》)。

待到宸濠之乱平定之后，听闻武宗亲征，阳明于八月十七日上《请止亲征疏》。随即在八月二十五日上了《二乞便道省葬疏》，乞请朝廷履行前诺。疏上，不允。阳明还曾上书王琼，请其周旋，“始恳疏乞归，以祖母鞠育之恩，思一面为诀。后竟牵滞兵戈，不及一见，卒抱终天之痛。今老父衰疾，又复日亟，而地方已幸无事，何惜一举手投足之劳，而不以曲全之乎？”(《年谱》)可是，此时事态已经发生变化，江彬、张忠、许泰等人为了抢功，蠢蠢欲动，形势已经超出了王琼的掌控能力。

时至正德十五年三月，阳明已经返归南昌，他再次上疏，乞请归省，朝廷依旧不允。五月，江西大水，阳明上疏自劾，请求“削其禄秩，黜还田里”，疏上，朝廷依旧不理不睬。

到了闰八月，此时阳明已经重上江西捷音疏，忠、泰之难亦已尘埃落定，阳明再次上疏乞归，此疏情深意切，读之，令人油然而生忠孝之心：

> 臣之痛苦，刻骨剜心，忧病缠结，与死为邻，已无足论。而臣父衰疾日亟，呻吟床席，思臣一见，昼夜涕洟，每得家书，号恸颠殒，苏而复绝。夫虎狼恶兽，尚知父子；乌鸟微禽，犹怀反哺。今臣父病狼狈至此，惟欲望臣一归，而臣乃依依贪恋官爵，未能决然逃去，是禽兽之不若，何以立身于天地乎？夫人之大伦，内则父子，外则君臣。事君以忠，事父以孝，不忠不孝，为天下之大戮。纵复幸免国宪，然既辱于禽兽，则生不如死。臣之归省父疾，在朝廷视之，则一人之私情，自臣身言之，则一生之大节。往者宁藩之变，臣时欲归省父疾，然宗社危急，呼吸之间，存亡攸系，故臣捐九族之诛，委身以死国难。时则君臣之义为重。今国难已平，兵戈已息，臣待罪巡抚，不过素餐尸位，以苟岁月。而臣父又衰老病笃若此，尚尔贪恋禄位而不去，此尚可以为子

> 乎？不可以为子者，尚可以为臣乎？臣今待罪巡抚，若不请而逃，窃恐传闻远迩，惊骇视听。夫人臣死君之难，则捐其九族之诛而不恤，至其急父之危，则亦捐其一身之戮而不顾。今复候命不至，臣必冒死逃归。若朝廷悯其前后恳迫之情，赦而不戮，臣死且图衔结。若遂正以国典，臣获一见老父而死，亦瞑目于地下矣。臣不胜痛陨苦切，号控哀祈之至，除冒死一面，移疾舟次，沿途问医，待罪候命外，缘系四乞天恩，归省父疾，回籍待罪事理，为此具本奏闻。(《四乞省葬疏》)

至此，阳明先后四次上疏乞请省葬。尽管其辞恳切之极，感人至深，朝廷却依旧不允。据说，阳明曾真如疏中所说，拟欲逃归，后因龙山公病情转缓而作罢。

> 尝闻海日翁（即王华）病危，欲弃职逃归，后报平复，乃止。一日，问诸友曰：“我欲逃回，何无一人赞行？”门人周仲曰：“先生思归一念，亦似着相。”先生良久曰：“此相安能不着！”（《年谱》）

总而言之，终武宗之朝，阳明四上乞归省葬疏，皆未得到朝廷允许。

正德十六年三月，武宗暴亡，四月，世宗即位。阳明知道朝廷即将有所变动，归省之志当可遂愿，便开始着手准备返归事宜，最重要的当然是讲明正学——“致良知”之学。于是，他召集门人于白鹿洞书院，以讲明此学。

果然如阳明所料，当月，世宗便下旨召阳明入朝，拟论功行赏。到了六月十六日，世宗又降旨曰：“以尔昔能剿平乱贼，安靖地方，朝廷新政之初，特兹召用。敕至，尔可驰驿来京，毋或稽迟。”由此可见，世宗急欲重用阳明。阳明得旨后，于六月二十日启程进京，自南昌北上进京，正好可以顺道归省，于是，阳明上《乞便道归省疏》。疏中，他先是对世宗作了赞誉，表达自己“于斯时，固已欣然改易其退遁之心”，然后，请求归省：

> 顾臣父既老且病，顷遭谗构之厄，危疑震恐，汹汹朝夕，常有父子不及相见之痛。今幸脱洗殃咎，复睹天日，父子之情，固思一见颜面，以叙其悲惨离隔之怀，以尽菽水欢欣之乐。况臣取道钱塘，迂程乡土止有一日。此在亲交之厚，将不能已于情，而况父子天性之爱，重以连年苦切之思乎！故臣之此行，其冒罪归省，亦情理之所必不容已者。然不以之明请于朝而私窃行之，是欺君也；惧稽延之戮，而忍割情于所生，是忘父也。欺君

者不忠，忘父者不孝。世固未有不孝于父而能忠于其君者也，故臣敢冒罪以请。伏望皇上以孝为治，范围曲成，特宽稽命之诛，使臣得以少伸乌鸟之私，臣死且图衔结。臣不胜惶惧恳切之至！

而朝中的既得利益者如杨廷和等人，担心阳明进京之后，会影响自身的地位，便想方设法阻止阳明进京，“辅臣阻之，潜讽科道建言，以为‘朝廷新政，武宗国丧，资费浩繁，不宜行宴赏之事’”（《年谱》）。适好阳明上《乞便道归省疏》，于是，世宗顺水推舟，准许阳明归省，并升其为南京兵部尚书。

几经波折，阳明终于得以归省。八月，阳明至越。九月，阳明归省余姚祖茔。“先生归省祖茔，访瑞云楼，指藏胎衣地，收泪久之，盖痛母生不及养，祖母死不及殓也。”（《年谱》）

二、辞封

正德十六年（1521）十月二日，朝廷议定平定宸濠之乱之功，封阳明为新建伯、奉天翊卫推诚宣力守正文臣，特进光禄大夫柱国，还兼两京兵部尚书，照旧参赞机务，岁支禄米一千石，三代并妻一体追封。十二月十九日，兵部、吏部下达旨意，并“差行人赍白金文绮慰劳。兼下温旨存问父华于家，赐以羊酒”，行人到达的那一天，适好是龙山公的寿辰。寿宴上，龙山公对阳明的一番教诲足以引人深思：

> 至日，适海日翁诞辰，亲朋咸集，先生捧觞为寿。翁蹙然曰：“宁濠之变，皆以汝为死矣而不死，皆以事难平矣而卒平。谗构朋兴，祸机四发，前后二年，岌乎知不免矣。天开日月，显忠遂良，穹官高爵，滥冒封赏，父子复相见于一堂，兹非其幸欤！然盛者，衰之始；福者，祸之基。虽以为幸，又以为惧也。”先生洗爵而跪曰：“大人之教，儿所日夜切心者也。”闻者皆叹会遇之隆，感盈盛之戒。(《年谱》)

嘉靖元年(1522)正月初十日，阳明上《辞封爵普恩赏以彰国典疏》，请辞封爵。疏中，阳明自述了不敢受爵的四点缘由：其一，不敢叨天之功；其二，不敢掩人之善；其三，不敢袭下之能；其四，不敢忘己之耻。阳明之所以上疏辞封，主要是因为朝廷赏赐不公，第三点是他想要特别强调的，故而，他在疏名中特意指出“普恩赏”。

二月十二日，龙山公去世。[①]自此，阳明开始丁忧生涯。

时至七月十九日，吏部转达了朝廷处理阳明上疏辞封的旨意，称“论功行赏，古今令典，诗书所载，具可考见。卿倡义督兵，剿除大患，尽忠报国，劳绩可嘉，特加封爵，以昭公义。宜勉承恩命，所辞不允”。然而，对于阳明“普恩赏”之请，却并无处置。阳明随即上了《再辞封爵普恩赏以彰国典疏》，此疏详述平定宸濠之乱绝非其一人之所能为，而专论“普恩赏”。可是，任凭阳明辞意恳切，疏上之后，朝廷依旧不予理睬。也因为此，阳明对于世宗颇感失望。

就在阳明上疏辞封、请求“普恩赏”的同时，朝中的风气却发生了微妙的变化，事态逐渐朝着另一个方向转变，阳明学的“厄运”悄悄降临了。

三、学禁

为了彻底阻止阳明进京，在阳明丁忧期间，杨廷和、费宏等一班宰辅加快了行动。他们一方面延续张忠、许泰的做

① 《年谱》称龙山公逝年为七十，恐不确。龙山公结婚时，已是二十六岁，次年，阳明出生，嘉靖元年，阳明已五十一岁，据此则龙山公逝年当为七十八岁。

法，继续收集阳明与宸濠勾结的证据；一方面另辟蹊径，对阳明良知之学下手。

先是江西乡试，策问已隐然诋毁阳明良知之学。及至九月二日，“巡按江西监察御史程启充上逆濠私书，劾王守仁党恶，宜夺爵”，给事毛玉则再次拿元亨说事，指斥阳明“学术不正”。户科给事中汪应轸率先为阳明辩诬，刑部主事陆澄随后“上疏为六辩以折之”，御史向信乃以应轸为阳明同乡、陆澄为阳明门人，指为“党比欺罔”，一时间双方争辩不休，世宗则采取息事宁人的态度，“皆不问”。（参考谈迁《国榷》《年谱》）远在绍兴的阳明闻讯之后，立即给陆澄写了一封信，劝他“无辩止谤”，“反求诸己”。

然而，事态却进一步恶化了。十月二十三日，礼科给事中章侨上书攻击“异学”：“三代以下，论正学莫如朱熹，近有倡为异学者，乐陆九渊为简捷，而以朱子为支离。宜严禁以端士习。”（《明通鉴》）御史梁世骠也随即上疏，大意与章侨相似，世宗很快应允了章侨、梁世骠的乞请，下诏“礼部国子监及各提学官申其禁”。于是，针对阳明良知之学的“学禁”兴起了。

嘉靖二年（1523）二月，会试策士竟以心学为问，目的在于阴辟阳明学，阳明门人中有人愤然不答而出，如徐珊；

有人据“致良知”之教直答不讳，竟然也得以中取，如欧阳德、魏良弼等；有人则惨遭下第，如绪山。朝廷如此针对阳明良知之学，阳明却从中看到了良知之学遍传天下的契机。因落第而“深恨时事之乖”的绪山，返越归见阳明，阳明喜而相接，说：“圣学从兹大明矣！”绪山说：“时事如此，何见大明？”阳明说：“吾学恶得遍语天下士？今会试录，虽穷乡深谷无不到矣。吾学既非，天下必有起而求真是者。”（《年谱》）

关于这场“学禁”，学界有着一种声音，认为是程朱学派对阳明心学的攻击与诋毁。其实不然。事实上，学禁从来都是政治党争所导致的后果，如伊川，便被视为司马温公（光）一派而划归为元祐党人；同样，朱子也是被视为赵汝愚一派的学术魁首而被纳入逆党籍的。至于针对阳明的“学禁”，自然是因为朝中宰辅为了保护自身的既得利益而采取的行动。究其实，则与学术争辩关系不大。

又有人称此番“学禁”之兴，是因为“大礼议”[①]。事实上，对于“大礼议”，阳明深知议论双方悉皆出于私意而有违于良知，实是“无端”，故而，他根本就不想涉及，这一

---

① 大礼议，指发生于嘉靖初年的一场关于皇统问题的争论。世宗以地方藩王入主皇位，即位之后，拟尊生父兴献王为皇帝，生母蒋氏为皇后，就此引发了一场朝堂争议。

点从他的诗中可见一斑：

> 一雨秋凉入夜新，池边孤月倍精神。
> 潜鱼水底传心诀，栖鸟枝头说道真。
> 莫谓天机非嗜欲，须知万物是吾身。
> 无端礼乐纷纷议，谁与青天扫宿尘？（《碧霞池夜坐》）

四、狂者气象

尽管“学禁”闹腾得动静很大，阳明在家乡却依旧讲学不辍，并且似乎在与“学禁”较劲，益发彰显狂者气象，鼓励门人以道自任。

> 邹守益、薛侃、黄宗明、马明衡、王艮等侍，因言谤议日炽。先生曰：“诸君且言其故。”有言先生势位隆盛，是以忌嫉谤；有言先生学日明，为宋儒争异同，则以学术谤；有言天下从游者众，与其进，不保其往，又以身谤。先生曰：“三言者诚皆有之，特吾自知诸君论未及耳。”请问。曰：“吾自南京已前，尚有乡愿意思。在今只信良知真是真非处，更无掩藏回护，才做得狂者，使天下尽说我行不掩言，吾亦只依良知行。”（《年谱》）

狂者之说，出于孔子：子曰："不得中行而与之，必也狂狷乎！狂者进取，狷者有所不为也。"（《论语·子路第十三》）孟子则对狂者与乡愿作过一番辨析：

> "何以谓之狂也？"曰："其志嘐嘐然，曰：'古之人，古之人。'夷考其行，而不掩焉者也。狂者又不可得，欲得不屑不洁之士而与之，是狷也，是又其次也。孔子曰：'过我门而不入我室，我不憾焉者，其惟乡原乎！乡原，德之贼也。'"曰："何如斯可谓之乡原矣？"曰："'何以是嘐嘐也？言不顾行，行不顾言，则曰"古之人，古之人。"''行何为踽踽凉凉？生斯世也，为斯世也，善斯可矣。'阉然媚于世也者，是乡原也。"万子曰："一乡皆称原人焉，无所往而不为原人，孔子以为'德之贼'，何哉？"曰："非之无举也，刺之无刺也，同乎流俗，合乎污世，居之似忠信，行之似廉洁，众皆悦之，自以为是，而不可与入尧、舜之道，故曰'德之贼'也。"（《孟子·尽心下》）

阳明自谓在南京以前，"尚有乡愿意思"，自然不至于"德之贼"，只是尚有计较之意，偶尔还会从俗、迁就。至于他所说的"才做得狂者"，则为以道自任，"虽千万人，吾往矣”的大勇者气概，与孔子、孟子所言的狂者亦略微有别。其间的差别，在于阳明已然“克念”，而孔子、孟子所说的狂者则尚未“克念”：

请问乡愿、狂者之辨。曰：“乡愿以忠信廉洁见取于君子，以同流合污无忤于小人，故非之无举，刺之无刺。然究其心，乃知忠信廉洁所以媚君子也，同流合污所以媚小人也，其心已破坏矣，故不可与入尧、舜之道。狂者志存古人，一切纷嚣俗染，举不足以累其心，真有凤凰翔于千仞之意，一克念即圣人矣。惟不克念，故阔略事情，而行常不掩。惟其不掩，故心尚未坏而庶可与裁。”曰：“乡愿何以断其媚世？”曰：“自其议狂狷而知之。狂狷不与俗谐，而谓‘生斯世也，为斯世也，善斯可矣’，此乡愿志也。故其所为皆色取不疑，所以谓之‘似’。三代以下，士之取盛名于时者，不过得乡愿之似而已。然究其忠信廉洁，或未免致疑于妻子也。虽欲纯乎乡愿，亦未易得，而况圣人之道乎？”曰：“狂狷为孔子所思，然至于传道，终不及琴张辈而传曾子，岂曾子亦狷者之流乎？”先生曰：“不然，琴张辈，狂者之禀也，虽有所得，终止于狂。曾子，中行之禀也，故能悟入圣人之道。”（《年谱》）

很显然，阳明之论狂者、乡愿，乃是本于孟子而来。狂者“一克念即圣人矣”，学者但能拥有狂者气象，又能笃行良知之教，自然离贤圣之境不远矣！关于狂者的讨论，能够鼓励门人敢于自任，勇于担当，故而，阳明也“颇觉有所警发”，然而，他仍旧不曾忘记提醒门人不可“自处过任”：

先生《与黄宗贤书》曰：“近与尚谦、子华、宗明讲《孟子》‘乡愿、狂狷’一章，颇觉有所警发，相见时须更一论。四方朋友来去无定，中间不无切磋砥励之益，但真有力量能担荷得者，亦自少见。大抵近世学者无有必为圣人之志，胸中有物，未得清脱耳。闻引接同志，孜孜不怠，甚善！但论议须谦虚简明为佳，若自处过任，而词意重复，却恐无益而有损。”（同上）

嘉靖三年（1524）的中秋之会，更是展现了阳明的狂者气象。当年的中秋之夜，月白如昼，阳明延请诸门人聚集于碧霞池畔，“门人在侍者百余人，酒半酣，歌声渐动。久之，或投壶聚算，或击鼓，或泛舟”，阳明“见诸生兴剧，退而作诗”，诗云：

万里中秋月正晴，四山云霭忽然生。

须臾浊雾随风散，依旧青天此月明。
肯信良知原不昧，从他外物岂能撄？
老夫今夜狂歌发，化作钧天满太清。

处处中秋此月明，不知何处亦群英。
须怜绝学经千载，莫负男儿过一生！
影响尚疑朱仲晦，支离羞作郑康成。
铿然舍瑟春风里，点也虽狂得我情。（《月夜二首》）

狂者气象洋溢于诗行之间。儒者修身有着一个过程：洞悟大道而后以道自任，就此自觉担负起“先知觉后知”“先觉觉后觉”的责任，陡生“为天地立心，为生民立命，为往圣继绝学，为万世开太平”的豪情，油然散发出一股狂者气象。阳明正是如此。当然，大道即是常道，最终还是要回归平常，孔子“七十而从心所欲不逾矩”，即是平常；子思子所谓“素位而行”，“无入而不自得焉”，即是平常。随着日益存养不息，阳明晚年也庶几乎平常之意。如有人问晴川（刘魁）“阳明言动气象”，晴川答曰：“只是常人。”（《明儒学案》卷十九）

然而，对于诸门人略闻良知之教，便自以为足，而“渐有轻灭世故、阔略伦物之病”，则务须警醒，故而，次日，阳明便指示诸门人“无以一见自足而终止于狂也”：

明日，诸生入谢。先生曰：“昔者孔子在陈，思鲁之狂士。世之学者，没溺于富贵声利之场，如拘如囚，而莫之省脱。及闻孔子之教，始知一切俗缘皆非性体，乃豁然脱落。但见得此意，不加实践以入于精微，则渐有轻灭世故、阔略伦物之病。虽比世之庸庸琐琐者不同，其为未得于道一也。故孔子在陈思归以裁之，使入于道耳。诸君讲学，但患未得此意。今幸见此，正好精诣力造，以求至于道。无以一见自足而终止于狂也。”（《年谱》）

五、门人日进

阳明最初返越时，门人并不多，随着不断讲学，前来问学者越来越多。

先生初归越时，朋友踪迹尚寥落。既后四方来游者日进。癸未年已后，环先生而居者比屋，如天妃、光相诸刹，每当一室，常合食者数十人，夜无卧处，更相就席，歌声彻昏旦。南镇、禹穴、阳明洞诸山，远近寺刹，徙足所到，无非同志游寓所在。先生每临讲座，前后左右环坐而听者常不下数百人，送往迎来，月无虚日。至

有在侍更岁，不能遍记其姓名者。(《传习录下》)

诸门人中，颇多豪杰之士，此处且择数人略述之。

阳明归越初期，虽然“朋友踪迹尚寥落”，却也收得两位得意弟子：龙溪（王畿）和绪山（钱德洪）。龙溪与阳明相邻，最初对阳明并不甚敬重，背地里甚或诋毁阳明为“腐儒”，阳明弟子魏良器知道他是远器，“多方诱之”，他才终于师事阳明。

良器，字师颜，号药湖。洪都从学之后，随阳明至越。时龙溪为诸生，落魄不羁，每见方巾中衣往来讲学者，窃骂之。居与阳明邻，不见也。先生多方诱之，一日，先生与同门友投壶雅歌，龙溪过而见之，曰：“腐儒亦为是耶？”先生答曰：“吾等为学，未尝担板，汝自不知耳。”龙溪于是稍相昵就，已而有味乎其言，遂北面阳明。(《明儒学案》卷十九)

龙溪天资出众，聪明绝伦，从学阳明之后，一改旧日行径：

追惟夫子还越，惟予与君二人最先及门，戴玉台

> 巾，服小中衣，睢睢相依，咸指以为异言异服，共诽讪之。予二人毅然弗顾也。（王畿《刑部陕西司员外郎特诏进阶朝列大夫致仕绪山钱君行状》，后简称《绪山行状》）

阳明对龙溪也是青睐有加，赵锦甚或认为“其（指阳明）欲得先生也，甚于先生之欲事阳明”（《龙溪王先生墓志铭》）。

龙溪与阳明相邻，绪山则与阳明出生于同一个地点——瑞云楼。当年，阳明遵龙山公之命，移家绍兴，不久后，瑞云楼为钱氏所居。后来，绪山便出生于此。正德十六年，阳明返越之后，于九月归余姚省祖茔，绪山正是在这期间开始师事阳明的。绪山最初“读《传习录》，与所学未契，疑之，及阳明夫子平宸濠归越，始决意师事焉”（《绪山行状》）。据其自述，他曾独自伺察阳明的举动，而后力排众议，师事阳明。绪山与阳明一见倾心，次日，又率范引年、吴仁、柴凤等七十四人前来问学。阳明为他们讲了良知：

> 辟龙泉中天阁，请夫子升座开讲，君首以所学请正，夫子曰：“知乃德性之知，是为良知，而非知识也。良知

至微而显，故知微可与入德。唐虞受授，只是指点得一微字。《中庸》‘不睹不闻’，以至‘无声无臭’，中间只是发明得一微字。”众闻之，跃然有悟，如大梦之得醒，盖君实倡之也。（《绪山行状》）

龙溪、绪山二人皆为阳明学的重要传承者，与心斋（王艮）、东廓（邹守益）等人并为阳明后学的中流砥柱。

阳明返越之后，门人日进，有着一个转折点，那就是南大吉及门。嘉靖二年七月，大吉知绍兴府，其时，他便已率弟弟南逢吉等一起前来问学。到了嘉靖三年正月，大吉乃称门生。阳明对于大吉之教，要在启悟：

郡守南大吉以座主称门生，然性豪旷不拘小节，先生与论学有悟，乃告先生曰：“大吉临政多过，先生何无一言？”先生曰：“何过？”大吉历数其事。先生曰：“吾言之矣。”大吉曰：“何？”曰：“吾不言，何以知之？”曰：“良知。”先生曰：“良知非我常言而何？”大吉笑谢而去。居数日，复自数过加密，且曰：“与其过后悔改，曷若预言不犯为佳也。”先生曰：“人言不如自悔之真。”大吉笑谢而去。居数日，复自数过益密，且曰：“身过可勉，心过奈何？”先生曰：“昔镜未开，可得藏垢，今镜

明矣，一尘之落，自难住脚。此正入圣之机也，勉之！”（《年谱》）

大吉师事阳明之后，干了两件极其重要的事：

一是辟稽山书院。“于是，辟稽山书院，聚八邑彦士，身率讲习以督之”。就此，新旧弟子纷纷前来问学，“于是萧璆、杨汝荣、杨绍芳等来自湖广，杨仕鸣、薛宗铠、黄梦星等来自广东，王艮、孟源、周冲等来自直隶，何秦、黄弘纲等来自南、赣，刘邦采、刘文敏等来自安福，魏良政、魏良器等来自新建，曾忭来自泰和。宫刹卑隘，至不能容。盖环坐而听者三百余人。先生临之，只发《大学》万物同体之旨，使人各求本性，致极良知以至于至善，功夫有得，则因方设教，故人人悦其易从”（《年谱》）。

二是嘉靖三年十月，大吉续刻了《传习录》。“《传习录》，薛侃首刻于虔，凡三卷。至是年，大吉取先生论学书，复增五卷，续刻于越。”结合多方资料，大吉续刻《传习录》，当不止一个版本。此中详考，见笔者《传习录导读》，此不赘言。

除了龙溪、绪山，以及大吉之外，阳明居越期间的门人中颇值一提的，当算从吾道人董沄与五岳山人黄省曾。

董沄是一位久已在诗坛享有声名的诗人，师事阳明之时，已是六十八岁。嘉靖三年春，董沄来游会稽，听说阳明与门人在山中讲学，“以杖肩其瓢笠诗卷来访，入门，长揖上坐”，阳明见他气貌异于常人，并且年岁已高，“礼敬之”，询问之下，知道他是董沄后，更是“与之语连日夜”。董沄很是受教，“辞弥谦，礼弥下，不觉其席之弥侧也”，退下来之后，他找到阳明的门人何秦，希望拜在阳明门下，何秦向阳明转达了董沄的意思，阳明以董沄齿长推辞，董沄听闻之后，说：“夫子殆以予诚之未积欤？”于是，“辞归两月，弃其瓢笠，持一缣而来”，对何秦说：“此吾老妻之所织也，吾之诚积，若此缕也。夫子其许我乎？”何秦再次转达阳明，阳明心中大为感动，以董沄为“天下之大勇”，“则如萝石（即董沄），固吾之师也，而吾岂足以师萝石乎？”董沄听闻之后，说：“甚哉！夫子之拒我也。吾不能以俟请矣。”便“入而强纳拜焉”，阳明“固辞不获，则许之以师友之间”。其后，阳明与董沄“探禹穴，登炉峰，陟秦望，寻兰亭之遗迹，徜徉于云门、若耶、鉴湖、剡曲”，董沄“日有所闻，益充然有得，欣然乐而忘归也”，“其乡党之子弟亲友，与其平日之为社者，或笑而非，或为诗而招之返”，并且对他说：“翁老矣，何乃自苦若是耶？”董沄笑道：“吾方幸逃于苦海，方知悯若之自苦也，顾以吾为苦耶？吾方扬鬐于渤澥，而振羽于云霄之上，安能复投网罟而

入樊笼乎？去矣，吾将从吾之所好。”于是他便自号曰“从吾道人”。(《从吾道人记》)

自嘉靖二年至六年，数年间，黄省曾几乎年年都会前来问学。最初，他并没有领会阳明的教义，却私下遵循阳明旧日之说，写了《格物说》《修道注》，被阳明批评了一番。为了去除他为学的支离繁杂之病，阳明曾为他作《自得斋说》，劝他先立大本：

> 孟子云：“君子深造之以道，欲其自得之也；自得之则居之安；居之安则资之深；资之深则取之左右逢其源。故君子欲其自得之也。”夫率性之谓道，道，吾性也；性，吾生也，而何事于外求？世之学者，业辞章，习训诂，工技艺，探赜而索隐，弊精极力，勤苦终身，非无所谓深造之者，然亦辞章而已耳，训诂而已耳，技艺而已耳，非所以深造于道也，则亦外物而已耳，宁有所谓自得逢源者哉！古之君子，戒慎不睹，恐惧不闻，致其良知而不敢须臾或离者，斯所以深造乎是矣。是以大本立而达道行，天地以位，万物以育，于左右逢源乎何有？

省曾勤勉向学，加之阳明的悉心教导，最终领悟了良知之学。其有云“以良知之教涵泳之，觉其彻动彻静，彻昼彻夜，彻古彻今，彻生彻死，无非此物。不假纤毫思索，不得纤毫助长，亭亭当当，灵灵明明，触而应，感而通，无所不照，无所不觉，无所不达，千圣同途，万贤合辙。无他如神，此即为神；无他希天，此即为天；无他顺帝，此即为帝。本无不中，本无不公。终日酬酢，不见其有动；终日闲居，不见其有静。真乾坤之灵体，吾人之妙用也”，又有云“阴阳之气，欣合和畅而生万物。物之有生，皆得此和畅之气，故人之生理，本自和畅，本无不乐”，又有云“惟思而外于良知，乃谓之过。若念念在良知上体认，即如孔子终日终夜以思，亦不为过。不外良知，即是何思何虑，尚何过哉”，如此种种，悉皆为洞明道体、体悟良知之言，故而，得到了阳明的肯定与赞誉。(《与黄勉之二》)

省曾曾将其问学阳明五年期间所闻阳明语录汇编为十卷本《会稽问道录》。今《传习录》下卷便录有省曾当年记录的语录近七十条。省曾还曾请求阳明将其对《大学》的体悟写出来，阳明表示“自可徐徐图之”。后来，阳明受命往征思、田，出发之前，阳明述而录之，便是《大学问》。

六、四大记

嘉靖四年(1525)，阳明的生活发生了两个变化：一、该年正月，诸氏夫人去世，四月，祔葬于徐山；二、阳明居丧服阕。阳明服阕之后，理应起复，可是，虽有御史石金等人交章论荐，朝廷却悉皆不允。席书时任尚书，甚或上疏特荐说："生在臣前者，见一人，曰杨一清；生在臣后者，见一人，曰王守仁。"（《年谱》）很快，杨一清入阁，朝廷却依旧不召用阳明，可见宰辅对阳明的戒心之深。

尽管未能起复，然而，该年里阳明撰写了几篇记文，皆极重要。虽然指向略有不同，根本却一致，可见阳明学问之一贯。那便是《亲民堂记》《万松书院记》《稽山书院尊经阁记》和《重修山阴县学记》，因此四篇记文的重要意义，为日人冈田武彦称作为"四大记"。今且一一略述之。

1.《亲民堂记》

正月，大吉前来问政，阳明答以"政在亲民"，大吉归去后，将莅政之堂命名为"亲民"，并请阳明为之作记。记文记录了此番论政的要点，实为阳明对《大学》三纲——"明明德""亲民""止于至善"的心学解说。

首先，阳明指出"明德""亲民"为一；所谓"明德"，即人人皆具的"天命之性"，乃是"灵昭不昧"的，万事万物之理都是从其中出来的。如人之于父，莫不知孝；之于兄，莫不知弟；之于事物之感，莫不有自然之明，都是因为有明德，而明德之所以为明德，正在于此。常人则难免会因为私欲的遮蔽，以致于明德无从发用出来。所以，需要去“明”——“去其物欲之蔽以全其本体之明”。“明明德”就是去除私欲，而恢复吾人本自具足的明德。去除了遮蔽明德的私欲，明德自然就会发用出来。明德发用必定会落实在社会关系之中，如孝德的落实，必在于亲父；弟德的落实，必在于亲兄，等等。故知，“明明德”与“亲民”实为一也：“明明德必在于亲民，而亲民乃所以明其明德也。”

其次，阳明讲述了“亲民”与“修齐治平”的关系；“亲民”之“民”乃是统说，涵盖一切与自身相对待的对象，所谓“对己之称也”。“亲民”所“亲”自然包含着天下之人、天下之物，惟“亲民”有其次第，当由近及远，“老吾老以及人之老，幼吾幼以及人之幼”，根本则在于自身先“修身”——“明明德”，故知，“修身”是“亲民”之本，而“齐家、治国、平天下”为“亲民”之实。

最后，阳明指出“至善”乃是“明德、亲民之极则”。所谓“止于至善”，即“明德”“亲民”应该抵达极至而后止。也就是说，“至善”乃是“明德”“亲民”的准则，“故止至善之于明德、亲民也，犹之规矩之于方圆也，尺度之于长短也，权衡之于轻重也。方圆而不止于规矩，爽其度也；长短而不止于尺度，乖其制矣；轻重而不止于权衡，失其准矣；明德、亲民而不止于至善，亡其则矣”。当然，“至善”并非外在的准则，而是本于“天命之命”，“天命之性，粹然至善”。所谓“大人之学”，即使“明德、亲民”抵达极至的学问，根本则在于“明明德”，果真“明”“明德”到了极至，“亲民”自然也就会抵达极至——时时“亲民”。故知，《大学》三纲——“明明德”“亲民”“止于至善”，“明明德”是工夫，“亲民”是发用，“止于至善”则是准则。大吉从政，故而，取其用——“亲民”名莅政之堂。

2.《万松书院记》

先是弘治初年，参政周近仁因废寺之址而改修为孔庙。其后，各届官员相继修葺，“地益以胜”，但仍旧“止为游观之所，而讲诵之道未备也”。嘉靖四年，监察御史潘景哲奉命前来巡视，决定增修书院，以教育遗才，书院修成之后，嘱提学佥事万潮请阳明为之作记。

记文中，阳明先是指出书院的意义在于“匡翼夫学校之不逮”，接着指出“古圣贤之学，明伦而已”。所谓“明伦之学”，即尧、舜之相授受的十六字传心诀：“人心惟危，道心惟微，惟精惟一，允执厥中。”“道心”即率性，所率的即为人人生而具足的天命之性，也就是说，道心乃为“天下古今圣愚之所同具”。只是因为私欲的遮蔽，吾人往往很难体察到本自具足的道心，所以说“道心惟微”。“人心”则杂于私欲而虚伪，人心之发，无非是争名夺利，顺应人心而为，自然会有危害，所以说“人心惟危”。“惟精惟一”说的是工夫，即纯然本于道心而不杂入一毫私欲。“允执厥中”，讲的是工夫的效应，事事都能够做到无过无不及，恰到好处。具言之，纯然本于道心的发用，在情，则喜怒哀乐发而皆中节；在事，则莫不中节而和；在人伦，则父子有亲、君臣有义、夫妇有别、长幼有序、朋友有信。故而，“舜使契为司徒以教天下者，教之以此也”。盖在上位者实能讲明人伦之学，百姓们自然会相亲相爱，如此则“家齐国治而天下平矣”。

其后，阳明强调了“明伦之外无学矣”：“外此而学者，谓之异端；非此而论者，谓之邪说；假此而行者，谓之伯术；饰此而言者，谓之文辞；背此而驰者，谓之功利之徒，乱世之政。”意思很显然，希望万松书院能够切实以教导人伦为大本。

3.《稽山书院尊经阁记》

嘉靖三年，大吉辟稽山书院。嘉靖四年，又于书院之后修尊经阁。时至四月，尊经阁修成，大吉请阳明为之作记。《尊经阁记》是阳明的一篇宏文，不但在经学史中有着重要的影响，还是文学名篇，与阳明的《象祠记》《瘗旅文》同时收录于《古文观止》。

阳明上来即指示“经，常道也”，经是常道的体现。常道“在于天谓之命”“赋于人谓之性”“主于身谓之心”，命、性、心三者，乃为常道在不同层面的定义，其实为一。六经则为常道在不同角度的体现：“以言其阴阳消息之行焉，则谓之《易》；以言其纪纲政事之施焉，则谓之《书》；以言其歌咏性情之发焉，则谓之《诗》；以言其条理节文之著焉，则谓之《礼》；以言其欣喜和平之生焉，则谓之《乐》；以言其诚伪邪正之辨焉，则谓之《春秋》。”究其实，则六经一也，一者，常道也。就此则知，《易》《书》《诗》《礼》《乐》《春秋》六经，无非是常道的体现，无非是命、性、心的体现。“是阴阳消息之行也，以至于诚伪邪正之辨也，一也，皆所谓心也，性也，命也。”于是，六经成了“吾心之常道”的载体：“六经者，非他，吾心之常道也。”故知，圣人述六经，实本于“吾心之常道”：

> 故《易》也者，志吾心之阴阳消息者也；《书》也者，志吾心之纪纲政事者也；《诗》也者，志吾心之歌咏性情者也；《礼》也者，志吾心之条理节文者也；《乐》也者，志吾心之欣喜和平者也；《春秋》也者，志吾心之诚伪邪正者也。

而君子欲求“吾心之常道”，则必当尊六经：

> 君子之于六经也，求之吾心之阴阳消息而时行焉，所以尊《易》也；求之吾心之纪纲政事而时施焉，所以尊《书》也；求之吾心之歌咏性情而时发焉，所以尊《诗》也；求之吾心之条理节文而时著焉，所以尊《礼》也；求之吾心之欣喜和平而时生焉，所以尊《乐》也；求之吾心之诚伪邪正而时辨焉，所以尊《春秋》也。

至此，六经之不可不尊已极明晓。其后，阳明指出圣人之述六经，乃是为了告诉世人：常道在吾心，乃是吾人本自具足的财富。“六经者，吾心之记籍也，而六经之实则具于吾心，犹之产业库藏之实积，种种色色，具存于其家。其记籍者，特名状数目而已”，故而，欲求六经之实，应当求之吾心，亦惟如此，方是“尊经”。若是“徒考索于影响之间，牵制于文义之末”，则不但不能得六经之实，也不能明吾心之常道。究其实，如此之行，实为“侮经”。

最后，阳明批评了“乱经”“侮经”“贼经”等行：

> 六经之学，其不明于世，非一朝一夕之故矣。尚功利，崇邪说，是谓乱经；习训诂，传记诵，没溺于浅闻小见以涂天下之耳目，是谓侮经；侈淫辞，竞诡辩，饰奸心，盗行逐世，垄断而自以为通经，是谓贼经。若是

者，是并其所谓记籍者而割裂弃毁之矣，宁复知所以为尊经也乎！

吾友张旭辉兄曾说：“《尊经阁记》论述六经和心学关系，已至通透无碍，堪称孔孟以来将儒门传经之学和传道之学融为一体的大文章。学者若不能识得此文大义，便不可说认得儒家真精神。”（《〈致良知——王阳明修身六讲〉序》）可谓知者之言。

4.《重修山阴县学记》

山阴县学因为年久失修，先是教谕汪瀚请求县尹顾铎对之进行修葺，面貌一新，当时便欲请阳明作记，阳明辞以疚。其后，顾铎离任，吴瀛继任，“复增其所未备”，再次请阳明作记。阳明虑及旧日在南都时，曾“因京兆之请，记其学而尝有说焉”，“其大意以为朝廷之所以养士者不专于举业，而实望之以圣贤之学”，只是“于凡所以为学之说，则犹未之及详”，故而，他便借《重修山阴县学记》以述“为学之说”。

阳明先是指明圣人之学即为心学，其要在于“学以求尽其心”，其纲领则为尧、舜、禹之相授受的十六字传心诀：“人心惟危，道心惟微，惟精惟一，允执厥中。”道心、人心，一为率性，一为人伪，去尽人心，则纯然道心。纯然道心，即为“尽其心”。故知，圣人之学要在去尽人心，“惟精惟一”正是工夫，“惟一者，一于道心也；惟精者，虑道心之不一，而或二之以人心也”；“允执厥中”，则所发无不中节，乃是笃实下工夫所得的效应，亦即“一于道心而不息”，亦即“尽其心”。“一于道心，则存之无不中，而发之无不和”。这就是“天下之达道”：

> 是故率是道心而发之于父子也无不亲，发之于君臣也无不义，发之于夫妇、长幼、朋友也无不别、无不序、无不信，是谓中节之和，天下之达道也。放四海而皆准，亘古今而不穷，天下之人同此心，同此性，同此达道也。

所以，古圣王设教，无非是“教之以此达道也”。遗憾的是，“圣人既没，心学晦而人伪行，功利、训诂、记诵、辞章之徒纷沓而起，支离决裂，岁盛月新，相沿相袭，各是其非，人心日炽而不复知有道心之微”。而努力返本求源的人，往往会被指斥为禅学，就此，阳明陈述了心学与禅学之别，其意在于为心学作辩。心学与禅学，“皆求尽其心”者，然而，两者实可谓“差之毫厘，谬以千里”。概言之，则一为“无人已，无内外，一天地万物以为心”，“尽其心”则体现在种种社会关系之中："吾之父子亲矣，而天下有未亲者焉，吾心未尽也；吾之君臣义矣，而天下有未义者焉，吾心未尽也；吾之夫妇别矣、长幼序矣、朋友信矣，而天下有未别、未序、未信者焉，吾心未尽也。"一则"起于自私自利，而未免于内外之分"，如此则必将是内非外，而"外人伦，遗事物"，"以之独善或能之，而要之不可以治家、国、天下"。

其后，阳明表达了对世之学者动辄视心学为禅的不满，同时激励越地学子笃志于心学。当然，他更希望普天之下的学子皆能有志于心学。"呜呼！吾岂特为吾越之士一言之而已乎？"末句正传达了这一层意思。

七、拔本塞源论

嘉靖四年（1525），阳明还曾给顾东桥（璘）回过一封信，这封信也是研习阳明良知学的重要文本，即《传习录》中卷之第一篇。在这封信中，阳明讲述了"知行合一"，"知之真切笃实处即是行，行之明觉精察处即是知，知行工夫本不可离"；讲述了"格物致知说"，"若鄙人所谓致知格物者，致吾心之良知于事事物物也。吾心之良知，即所谓天理也。致吾心良知之天理于事事物物，则事事物物皆得其理矣。致吾心之良知者，致知也；事事物物皆得其理者，格物也。是合心与理而为一者也”，等等。然而，最重要的则是在这封信的末尾处，阳明讲述了他的“拔本塞源论”。

所谓“拔本塞源”，是指功利之毒拔了圣学之本、塞了圣学之源，而要求圣人之学，必须勘破功利之学，笃下克己工夫，“以复其心体之同然”。“拔本塞源论”情真意切，言辞深刻，每每读之，皆有痛彻心扉之感。刘蕺山(宗周)极为推崇此文，将之收入《圣学宗要》，并称“先生虽一时应病之论，而功利一砭，实以扶万古之人心。孟子好辨而后，仅见此篇”。概言之，“拔本塞源论”可以分为四部分：

其一，明“拔本塞源论”之要。“夫‘拔本塞源’之论不明于天下，则天下之学圣人者将日繁日难，斯人沦于禽兽夷狄，而犹自以为圣人之学。”

其二，陈述圣人之学。圣人之学，本于圣人之心。“夫圣人之心，以天地万物为一体，其视天下之人，无外内远近，凡有血气，皆其昆弟赤子之亲，莫不欲安全而教养之，以遂其万物一体之念”。其实，原本“天下之人心，其始亦非有异于圣人也”，可以因为“间于有我之私、隔于物欲之蔽”，以至于“大者以小，通者以塞，人各有心”，以至于“有视其父子兄弟如仇雠者”。正是在这样的情况下，圣人开始设教，“推其天地万物一体之仁以教天下，使之皆有以克其私、去其蔽，以复其心体之同然”。教之大端，即四大记中所反复强调的十六字传心诀——“人心惟危，道心惟微，惟精惟一，允执厥中”；教之节目，亦是前文中所反复提及的人伦——“父子有亲，君臣有义，夫妇有别，长幼有序，朋友有信”。“唐、虞、三代之世，教者惟以此为教，而学者惟以此为学”，故而，“当是之时，人无异见，家无异习”。天下之人，“莫不皆有是学，而惟以成其德行为务”。至于才能，则人各有异，故而，因材施教以成就之，“学校之中，惟以成德为事，而才能之异，或有长于礼乐、长于政教、长于水土播植者，则就其成德而因使益精其能于学校之中”。如此一来，人人德才皆备。人人德才皆备，则无论是“用之者”，还是“效用者”，“惟知同心一德，以共安天下之民”：

> 用之者惟知同心一德，以共安天下之民，视才之称否，而不以崇卑为轻重、劳逸为美恶；效用者亦惟知同心一德，以共安天下之民，苟当其能，则终身处于烦剧而不以为劳、安于卑琐而不以为贱。当是之时，天下之人熙熙皞皞，皆相视如一家之亲。其才质之下者，则安其农、工、商、贾之分，各勤其业以相生相养，而无有

> 乎希高慕外之心；其才能之异若皋、夔、稷、契者，则出而各效其能。

此实近似乎“大同”之世矣。故知，圣人之学的归宗，在于“大同”。此即阳明之志，亦为天下儒者之志。

其三，指明功利之毒。功利之毒的发展有着一个过程：“三代之衰，王道熄而霸术焻；孔、孟既没，圣学晦而邪说横。”“霸术焻”，圣人之学自然就会遭到摈弃，“教者不复以此为教，而学者不复以此为学”。更可恶的是，“霸者之徒窃取先王之近似者，假之于外，以内济其私己之欲”，如此鱼目混珠，而“天下靡然而宗之”，“圣人之道遂以芜塞”。顺由霸术进一步发展，必然会沦陷于为了利益不择手段的地步，“相仿相效，日求所以富强之说，倾诈之谋、攻伐之计，一切欺天罔人，苟一时之得以猎取声利之术，若管、商、苏、张之属者，至不可名数。既其久也，斗争劫夺，不胜其祸，斯人沦于禽兽夷狄，而霸术亦有所不能行矣”。

紧接着，阳明话锋一转，转至学界。世儒见功利之害日炽一日，于是，“慨然悲伤”，欲“挽回先王之道”，可是因为不得要领，“其所以讲明修饰以求宣畅光复于世者，仅足以增霸者之藩篱，而圣学之门墙遂不复可睹”。不但无益，反而使得学问也沦为功利：

> 于是乎有训诂之学，而传之以为名；有记诵之学，而言之以为博；有词章之学，而侈之以为丽。若是者，纷纷籍籍，群起角立于天下，又不知其几家，万径千蹊，莫知所适。世之学者，如入百戏之场，讙谑跳踉、骋奇斗巧、献笑争妍者，四面而竞出，前瞻后盼，应接不遑，而耳目眩瞀、精神恍惑，日夜遨游淹息其间，如病狂丧心之人，莫自知其家业之所归。时君世主亦皆昏迷颠倒于其说，而终身从事于无用之虚文，莫自知其所谓。间有觉其空疏谬妄、支离牵滞，而卓然自奋欲以见诸行事之实者，极其所抵，亦不过为富强功利、五霸之事业而止。

学问沦于此境，着实令人痛心。就此，“圣人之学日远日晦，而功利之习愈趋愈下”。而无论是“瞽惑于佛、老”，还是“折衷于群儒”，终究“未能有以破其功利之见”。在功利的毒害之下，至于阳明所在之世，世人凡有所为，无非是为了“济其私而满其欲”：

> 盖至于今，功利之毒沦浃于人之心髓而习以成性也几千年矣。相矜以知，相轧以势，相争以利，相高以技能，相取以声誉。其出而仕也，理钱谷者则欲兼

> 夫兵刑，典礼乐者又欲与于铨轴，处郡县则思藩臬之高，居台谏则望宰执之要。故不能其事，则不得以兼其官；不通其说，则不可以要其誉。记诵之广，适以长其敖也；知识之多，适以行其恶也；闻见之博，适以肆其辨也；辞章之富，适以饰其伪也。是以皋、夔、稷、契所不能兼之事，而今之初学小生皆欲通其说、究其术。其称名僭号，未尝不曰吾欲以共成天下之务，而其诚心实意之所在，以为不如是则无以济其私而满其欲也。

功利的毒害至此，则以“圣人之学为无所用”，也就成了必然：

> 以若是之积染，以若是之心志，而又讲之以若是之学术，宜其闻吾圣人之教，而视之以为赘疣枘凿，则其以良知为未足，而谓圣人之学为无所用，亦其势有所必至矣！

其四，激励学人勘破功利之学，笃志于圣人之学。先是感叹了“士生斯世”欲求圣人之学之不易；其后，指明“天理之在人心，终有所不可泯，而良知之明，万古一日”，故而，得闻“拔本塞源论”，必然会有“恻然而悲、戚然而痛、愤然而起，沛然若决江河而有所不可御者矣”。如此者，即为“豪杰之士”，正是阳明所期望者，“非夫豪杰之士，无所待而兴者，吾谁与望乎？”

阳明“拔本塞源论”慷慨激昂，辞意急切，颇有刻不容缓之意味。笔者当年读至此论，不由得拍案而起，愤然自责，就此勘破功利之学。尽管功利之毒拔了圣学之本，塞了圣学之源，可是，倘若吾辈实能洞穿私欲，克除自我，也可谓是拔了功利之本，塞了功利之源。此诚大丈夫不世之伟绩，吾辈勉旃！

八、大同之志

嘉靖五年（1526），阳明有几封书信也很是重要。先是东廓谪判广德，修筑复古书院以聚集生员，并简约朱子《文公家礼》而作《谕俗礼要》，用以风化民俗。刻成后，东廓曾寄奉阳明教正，阳明在复书中对东廓此举进行了赞誉：

> 古之礼存于世者，老师宿儒当年不能穷其说，世之人苦其烦且难，遂皆废置而不行。故今之为人上而欲导民于礼者，非详且备之为难，惟简切明白而使人

易行之为贵耳。……非天子，不议礼、制度，今之为此，非以议礼为也，徒以末世废礼之极，聊为之兆以兴起之，故特为此简易之说，欲使之易知易从焉耳。（《年谱》）

四月，大吉入朝觐见，遭到罢黜。大吉返归关中之后，致书阳明，“千数百言，勤勤恳恳，惟以得闻道为喜，急问学为事，恐卒不得为圣人为忧，略无一字及于得丧荣辱之间”，阳明读后，赞叹不已，复书赞大吉为“有道之士”，并劝其于关中开展讲学活动：“关中自古多豪杰，横渠之后，此学不讲，或亦与四方无异矣。自此有所振发兴起，变气节为圣贤之学，将必自吾元善昆季始也。今日之归，谓天为无意乎？”（同上）

也是在四月，崇一（欧阳德）来书问学。南野从学阳明甚早，“德初见先生于虔，最年少，时已领乡荐。先生恒以‘小秀才’呼之”。嘉靖二年举进士，出守六安。阳明在答书中，于良知作了极其究竟的解说，如“良知不由见闻而有，而见闻莫非良知之用，故良知不滞于见闻，而亦不离于见闻”，又如“良知是天理之昭明灵觉处，故良知即是天理。思是良知之发用。若是良知发用之思，则所思莫非天理矣”，再如“盖良知之在人心，亘万古、塞宇宙而无不同”，等等。（《传

习录中 · 答欧阳崇一》）

然而，于笔者之见，其中最重要的则为《答聂文蔚书一》，此书也收录于《传习录》中卷。先是夏天，文蔚（聂豹）以御史巡按福建，渡过钱塘江，前来向阳明问学。别后，文蔚又致书阳明，“反复千余言”，对阳明之学作了由衷赞誉，并表示“与其尽信于天下，不若真信于一人。道固自在，学亦自在，天下信之不为多，一人信之不为少”。受文蔚激发，阳明在复书中作了一番真心表白，此番表白，可见阳明所不容已的志业。

此信共有七节，首节与末节多为客套语，惟阳明在首节的末尾处，表达了自身“则有大不得已者存乎其间，而非以计人之信与不信也”，可谓为该书的引言。

二节，本于万物一体讲述“致良知”，文辞严密，层层递进；上来指出天地万物本为一体：“夫人者，天地之心，天地万物本吾一体者也。”既为一体，自然息息相关，“生民之困苦荼毒，孰非疾痛之切于吾身者乎？”就此引出“良知”：“不知吾身之疾痛，无是非之心者也。是非之心不虑而知，不学而能，所谓良知也。”而“良知之在人心，无间于圣愚，天下古今之所同也”，君子只是“务致其良知”而已，“务致其良知”，“则自能公是非，同好恶，视人犹己，视国犹家，而以天地万物为一体”，如此一来，“求天下无治，不可得矣”。

进而推及古之人，古之人之所以“能见善不啻若己出，见恶不啻若己入，视民之饥溺犹己之饥溺，而一夫不获，若己推而纳诸沟中者”，不是为了蕲求天下人相信自己，而是“务致其良知求自慊而已矣”。至于尧、舜、三王，“言而民莫不信者”，“行而民莫不说者”，也是因为他们“致良知”，“致其良知而言之也”，“致其良知而行之也”。末了，阳明叹曰：“呜呼！圣人之治天下，何其简且易哉！”圣人之治，一言以蔽之，曰“致良知”。

阳明的意思很显然：我只是在“务致其良知求自慊而已”，而非“蕲天下之信己也”。而天地万物浑然一体，则惟天下人人皆能“自致其良知”，方能“自慊”。这正是他不遗余力推行良知之学的初心。

三节讲述了良知之学不明于世的状况；良知之学不明，“天下之人用其私智以相比轧”，最终必然会导致天下“纷纷籍籍而祸乱相寻于无穷”。这就从反面表述了推行良知之学的重要性，惟有良知之学，方可转变世态，挽救世道人心。

四节，阳明表明自身之所为，实为本于良知的不容已：

> 仆诚赖天之灵，偶有见于良知之学，以为必由此而后天下可得而治，是以每念斯民之陷溺，则为之戚然痛心，忘其身之不肖，而思以此救之，亦不自知其量者。

> 天下之人见其若是，遂相与非笑而诋斥之，以为是病狂丧心之人耳。呜呼！是奚足恤哉！吾方疾痛之切体，而暇计人之非笑乎？人固有见其父子兄弟之坠溺于深渊者，呼号匍匐，裸跣颠顿，扳悬崖壁而下拯之。士之见者，方相与揖让谈笑于其傍，以为是弃其礼貌衣冠而呼号颠顿若此，是病狂丧心者也。故夫揖让谈笑于溺人之傍而不知救，此惟行路之人，无亲戚骨肉之情者能之，然已谓之“无恻隐之心，非人矣”。若夫在父子兄弟之爱者，则固未有不痛心疾首，狂奔尽气，匍匐而拯之，彼将陷溺之祸有不顾，而况于病狂丧心之讥乎？而又况于蕲人之信与不信乎？呜呼！今之人虽谓仆为病狂丧心之人，亦无不可矣。天下之人心，皆吾之心也。天下之人犹有病狂者矣，吾安得而非病狂乎？犹有丧心者矣，吾安得而非丧心乎？

阳明之所以不遗余力推行良知之学，乃是为了拯救斯民。从中可见阳明之决绝，纵然为世人讥讽为“病狂丧心之人”，也无暇计较。此段文字，句句不离“万物一体”，字里行间充盈着同体之仁，感人至深。

五节，阳明以孔子为例，进一步阐述“天地万物一体之仁”。孔子汲汲遑遑，周游列国十数载，“若求亡子于道路，而不暇于暖席者”，不是为了蕲求别人的知、别人的信，而是其“天地万物一体之仁”的不容已：

> 盖其天地万物一体之仁，疾痛迫切，虽欲已之而自有所不容已，故其言曰“吾非斯人之徒与而谁与？”“欲洁其身而乱大伦”“果哉！末之难矣！”呜呼！此非诚以天地万物为一体者，孰能以知夫子之心乎？

阳明之意很明显：其心实与孔子同。

六节，阳明表明自己的志向乃为“大同”；事实上，本于“天地万物一体之仁”，本于良知，拯救斯民，终而必归于“大同”之志：

> 仆之不肖，何敢以夫子之道为己任？顾其心亦已稍知疾痛之在身，是以彷徨四顾，将求其助于我者，相与讲去其病耳。今诚得豪杰同志之士，扶持匡翼，共明良知之学于天下，使天下之人皆知自致其良知，以相安相养，去其自私自利之蔽，一洗谗妒胜忿之习，以济于大同，则仆之狂病固将脱然以愈，而终免于丧心之患矣，岂不快哉！

“大同”之志出于《礼记 · 礼运》：

> 大道之行也，天下为公，选贤与能，讲信修睦。故人不独亲其亲，不独子其子，使老有所终，壮有所用，幼有所长，矜、寡、孤、独、废、疾者，皆有所养，男有分，女有归。货恶其弃于地也，不必藏于己；力恶其不出于身也，不必为己。是故谋闭而不兴，盗窃乱贼而不作，故外户而不闭。是为大同。

“大同”之志，乃是历代儒者的共同志愿，孔子、曾子、子思子、孟子、濂溪、明道、伊川、横渠、朱子、象山、阳明，以及后世的儒者，如刘蕺山（宗周）、王船山（夫之），乃至近代的熊十力，等等，悉皆以“大同”为志。而要实现“大同”，则在于“明良知之学于天下，使天下之人皆知自致其良知”。阳明呼吁文蔚与之共担此责：

> 嗟乎！今诚欲求豪杰同志之士于天下，非如吾文蔚者而谁望之乎？如吾文蔚之才与志，诚足以援天下之溺者，今又既知其具之在我而无假于外求矣，循是而充，若决河注海，孰得而御哉？文蔚所谓“一人信之不为少”，其又能逊以委之何人乎？

吾人读此段文字，当以文蔚自视，果能如此，自会油然感发而愿以此生为“大同”之志而奋斗、而努力。

除了这几封重要的书信，阳明在岁末作了一篇《惜阴说》，也很是警醒学人。门人刘邦采聚合安成学者，每隔月便聚会五天，用以切磋论学，并为该会命名为“惜阴”，请阳明为之说。阳明指出良知“无一息之或停”，真知惜阴者，“则知致其良知矣”。

> 呜呼！天道之运，无一息之或停；吾心良知之运，亦无一息之或停。良知即天道，谓之“亦”，则犹二之矣。知良知之运无一息之或停者，则知惜阴矣；知惜阴者，则知致其良知矣。“子在川上曰：‘逝者如斯夫！不舍昼夜！’”此其所以学如不及，至于发愤忘食也。尧、舜兢兢业业，成汤日新又新，文王纯亦不已，周公坐以待旦，惜阴之功，宁独大禹为然？

另外，值得一提的事，则为阳明之子正聪出生。去年正月，诸氏夫人去世，其后，阳明续弦，娶张氏，时至今年十一月，正聪出生。阳明逝后，久庵将女儿许配给正聪，又“因时相避讳”，为之更名为正亿。

第十四章　起征思田

一、受命

阳明居越期间，似乎已被朝廷所遗忘，凡有举荐，也悉皆不允。这倒也符合阳明安居讲学的期望。时至嘉靖六年（1527）五月，却有一道圣旨降下，任命阳明兼都察院左都御史，总督两广、江西、湖广军务，征讨思恩、田州，与都御史姚镆共督。原来，先是广西田州岑猛作乱，姚镆领兵征讨，不久，岑猛父子被擒，动乱平息。时至三月，岑猛余党卢苏、王受再次发动叛乱，攻陷思恩，姚镆聚合四省之兵前去征讨，可是，长久未能取胜，为巡按御史石金所论。恰好此时监察御史郑洛书举荐阳明，侍郎张璁为了阻止阳明进朝入阁，便想到让阳明前去征讨思恩之乱，荐疏一上，立即得到了世宗的首肯。于是，有此任命。得到任命之后，阳明随即上了《辞免重任乞恩养病疏》，推辞任命。其时，阳明患病已久，“病患久积，潮热痰嗽，日甚月深，每一发咳，必至顿绝，久始渐苏”，而“两广之役，起于土官仇杀，比之寇贼之攻劫郡县，荼毒生灵者，势尚差缓。若处置得宜，事亦可集”，恳请朝廷继续任用姚镆，如果终无成效，再另选能者。

在阳明上疏请辞的同时，朝廷却作出进一步的决定。六月十九日，朝廷传下旨意，阳明可以便宜行事。七月十日，朝廷收到阳明的请辞疏，不允，并下命要求他急速赴任。到了七月十八日，更是直接派遣官员到绍兴催促阳明赴任。八月，阳明致信杨一清等人，请求他们为之周旋，可是，没有任何结果。八月二十日，朝廷再次下命催促阳明急速赴任。不得已，阳明受命复出。

赶赴两广之前，阳明安顿好了家中事务，将家政与正聪托付给了门人魏廷豹，将正宪托付给了绪山与龙溪。并作了《客座私祝》，用以警戒王氏子弟与来学士子。《客座私祝》言辞简洁明了，是阳明极其重要的一篇训示文字：

> 但愿温恭直谅之友来此讲学论道，示以孝友谦和之行。德业相劝，过失相规，以教训我子弟，使毋陷于非僻。不愿狂惾惰慢之徒来此博弈饮酒，长傲饰非，导以

骄奢淫荡之事，诱以贪财黩货之谋，冥顽无耻，扇惑鼓动，以益我子弟之不肖。呜呼！由前之说，是谓良士；由后之说，是谓凶人。我子弟苟远良士而近凶人，是谓逆子，戒之戒之！嘉靖丁亥八月，将有两广之行，书此以戒我子弟，并以告夫士友之辱临于斯者，请一览教之。

今日读之，依旧令人心头一凛，敬肃之意油然而生。

二、《大学问》

赴任之前，在门人的请求下，阳明述录了《大学问》。《大学问》可谓是阳明良知之学的纲领，笔者曾反复研读，深受启发，且终而明晓：阳明学不但是孟子学，更是《大学》学。事实上，阳明之本于孟子，乃是为了更好地体认《大学》，所以，归根结蒂，阳明学是《大学》学。最初，省曾、东廓都曾劝请阳明述录此文，阳明不愿意，他更希望门人们能够口口相传。绪山在《大学问跋》中作了翔实交代：

《大学问》者，师门之教典也。学者初及门，必先以此意授，使人闻言之下即得此心之知，无出于民彝物则之中。致知之功，不外乎修齐治平之内。学者果能实地用功，一番听受，一番亲切。师常曰：“吾此意思有能直下承当，只此修为，直造圣域。参之经典，无不吻合，不必求之多闻多识之中也。”门人有请录成书者，曰：“此须诸君口口相传，若笔之于书，使人作一文字看过，无益矣。”嘉靖丁亥八月，师起征思、田，将发，门人复请，师许之。录既就，以书贻洪曰：“《大学或问》数条，非不顾共学之士尽闻斯义，顾恐藉寇兵而赍盗粮，是以未欲轻出。”盖当时尚有持异说以混正学者，师故云然。

《大学问》采取一问一答的方式录就。前半部分与《亲民堂记》颇为相似，阐述了“明明德”“亲民”“止于至善”三纲，只是更为深入。后半部分则详述了格物、致知、诚意、正心、修身的工夫次第，极为切要：

盖身、心、意、知、物者，是其工夫所用之条理，虽亦各有其所，而其实只是一物。格、致、诚、正、修者，是其条理所用之工夫，虽亦皆有其名，而其实只是一事。何谓身？心之形体运用之谓也。何谓心？身之灵明主宰之谓也。何谓修身？为善而去恶之谓也。吾身自能为善而去恶乎？必其灵明主宰者欲为善而去恶，然后其形体运用者始能为善而去恶也。故欲修其身者，必在于先正其心也。然心之本体，则性也。性无不善，则心之本体本无不正也。何从而用其正之之功乎？盖心之本体本无不正，自其意念发动而后有不正。故欲正其心者，必就其意念之所发而正之，凡其发一念而善也，好之真如好好色；发一念而恶也，恶之真如恶恶臭，则意无不诚，而心可正矣。然意之所发有善有恶，不有以明其善恶之分，亦将真妄错杂，虽欲诚之，不可得而诚矣。故欲诚其意者，必在于致知焉。致者，至也，如云“丧致乎哀”之“致”。《易》言“知至至之”，“知至”者，知也；“至之”者，致也。“致知”云者，非若后儒所谓充广其知识之谓也，致吾心之良知焉耳。良知者，孟子所谓“是非之心，人皆有之”者也。是非之心，不待虑而知，不待学而能，是故谓之良知。是乃天命之性，吾心之本体，自然灵昭明觉者也。凡意念之发，吾心之良知无有不自知者：其善欤，惟吾心之良知自知之；其不善欤，亦惟吾心之良知自知之，是皆无所与于他人者也。故虽小人之为不善，既已无所不至，然其见君子，则必厌然掩其不善而著其善者，是亦可以见其良知之有不容于自昧者也。今欲别善恶以诚其意，惟在致其良知之所知焉尔。何则？意念之发，吾心之良知既知其为善矣，使其不能诚有以好之，而复背而去之，则是以善为恶，而自昧其知善之良知矣；意念之所发，吾之良知既知其为不善矣，使其不能诚有以恶之，而复蹈而为之，则是以恶为善，而自昧其知恶之良知矣。若是，则虽曰知之，犹不知也，意其可得而诚乎？今于良知所知之善恶者，无不诚好而诚恶之，则不自欺其良知而意可诚也已。然欲致其良知，亦岂影响恍惚而悬空无实之谓乎？是必实有其事矣。故致知必在于格物。物者，事也，凡意之所发必有其事，意所在之事谓之物。格者，正也，正其不正以归于正之谓也。正其不正者，去恶之谓也；归于正者，为善之谓也。夫是之谓格。《书》言“格于上下”“格于文祖”“格其非心”，格物之格实兼其义也。良知所知之善，虽诚欲好之矣，苟不即其意之所在之物而实有以为之，则是物有未格，而好之之意犹为未诚也。良知所知之恶，虽诚欲恶之矣，苟不即其意之所在之物而实有以去之，则是物有未格，而恶之之意犹为未诚也。今焉于其良知所知之善者，即其意之所在之物而实为之，无有乎不尽；于其良知所知之恶者，即其意之所在之物而实去之，无有乎不尽。然后，物无不格，而吾良知之所知者无有亏缺障蔽，而得以极其至矣。夫然后吾心快然无复余憾而自谦矣。夫然后意之所发者，始无自欺而可以谓之诚矣。故曰:“物格而后知至,知至而后意诚,意诚而后心正,心正而后身修。”盖其功夫条理虽有先后次序之可言,而其体之惟一,实无先后次序之可分。其条理功夫虽无先后次序之可分,而其用之惟精,固有纤毫不可得而缺焉者。此格、致、诚、正之说,所以阐尧、舜之正传而为孔氏之心印也。

三、天泉论学

阳明定于九月九日起程,九月八日晚,诸友前来为阳明送行,绪山与龙溪二人因为论学不合,决定在客人散去之后请阳明指正。“是日夜分,客始散,先生将入内,闻洪与畿候立庭下,先生复出,使移席天泉桥上。”(《年谱》)于是,便有了著名的天泉论学。天泉论学,有着多个版本,今且依传播最为广泛的省曾版(见《传习录》下卷)略加论说。

丁亥年九月,先生起复征思、田。将命行时,德洪与汝中论学,汝中举先生教言曰:“无善无恶是心之体,有善有恶是意之动,知善知恶是良知,为善去恶是格物。”德洪曰:“此意如何?”汝中曰:“此恐未是究竟话头。若说心体是无善无恶,意亦是无善无恶的意,知亦是无善无恶的知，物是无善无恶的物矣。若说意有善恶，毕竟心体还有善恶在。”德洪曰：“心体是天命之性，原是无善无恶的。但人有习心，意念上见有善恶在，格、致、诚、正、修，此正是复那性体功夫。若原无善恶，功夫亦不消说矣。”是夕，侍坐天泉桥，各举请正。先生曰：“我今将行，正要你们来讲破此意。二君之见正好相资为用，不可各执一边。我这里接人，原有此二种：利根之人，直从本源上悟入。人心本体原是明莹无滞的，原是个未发之中。利根之人一悟本体，即是功夫，人己内外，一齐俱透了。其次不免有习心在，本体受蔽，故且教在意念上实落为善去恶。功夫熟后，渣滓去得尽时，本体亦明尽了。汝中之见，是我这里接利根人的；德洪之见，是我这里为其次立法的。二君相取为用，则中人上下皆可引入于道。若各执一边，眼前便有失人，便于道体各有未尽。”既而曰：“已后与朋友讲学，切不可失了我的宗旨：无善无恶是心之体，有善有恶是意之动，知善知恶的是良知，为善去恶是格物。只依我这话头随人指点，自没病痛。此原是彻上彻下功夫。利根之人，世亦难遇，本体功夫，一悟尽透，此颜子、明道所不敢承当，岂可轻易望人！人有习心，不教他在良知上实用为善去恶功夫，只是悬空想个本体，一切事为俱不着实，不过养成一个虚寂。此个病痛不是小小，不可不早说破。”是日，德洪、汝中俱有省。

前文中（第五章）已经指出，阳明“心即理”之说，实为本心即理，而非心即是理。龙溪则执定了心即是理。就究竟层面而言，龙溪之说自然没有问题。事实上，在这一层面，宇宙间的一切万物无一不是“无善无恶的”，因为究其根本，一切万物皆为天理的呈现。然而，万物也罢，人也罢，悉皆以个体的形态降生，难免会因为个体意识而形成自我意识，自此，尽管仍旧是宇宙的一部分，却会因为自我而将自身从天地万物一体的状态中抽离出来，就此有了私意。为了满足一己的私意，产生了恶，遮蔽了本来的至善（“无善无恶”）之性。龙溪“四无句”的问题正在于忽略了私意。忽略了私意，也就忽略了工夫，故而，绪山评价说：“若原无善恶，功夫亦不消说矣。”反观绪山之说，则并无问题，他指出“人有习心”，习心正是导致自我产生的根由。有习心，才会有自我；有自我，才会有私意；有私意，才会有恶念。所以，“意之动”是“有善有恶的”。因为“意之动”是“有善有恶的”，方才要去下“去恶为善”的功夫。格物便是这一个功夫。绪山完全遵循于阳明之教。

那么，绪山何以闻阳明之教而“有省”？乃是因为他对于心体的体认不够确切，只是执定阳明之教，而未能理解龙溪之说。在天泉论学的另一个版本中，龙溪正是如此批评绪山的："学须自证自悟，不从人脚跟转。若执着师门权法，以为定本，未免滞于言诠，亦非善学也。"（王畿《天泉证道纪》）阳明则肯定了龙溪之说，因为从心体层面而言，龙溪之说实无问题。然而，从现实的教化层面而言，利根之人着实罕见，"颜子、明道所不敢承当，岂可轻易望人"。所以，最终阳明再次重申了他的"四句教"，且强调"此原是彻上彻下功夫"。

如此一分析，诸位就会发现，龙溪"四无句"实有两个问题：一、忽略了私意；二、不具备普适性。前者又是后者的缘由，正因为忽略了私意，故而不具备普适性。然而，有学者却执定"四无句"为顿教，"四句教"为渐教。这是有违于阳明的本意的。

四、赴任途中

阳明于九月九日启程，十一月二十日至梧州，次日开府，开始处置军政事务。两个多月的赴任途中，不断有门人前来问学，故而，这一路上，阳明也是讲学不辍。可以说这是阳明讲学生涯中的最后一个精彩阶段。经过多年存养，阳明的气象已然迥异常人，可谓神采卓绝。张翰曾在武林（今杭州）拜见阳明，记下了对阳明的印象，称之“神骨清朗，步履矫捷，翩翩如鹤”。

阳明赴任，绪山与龙溪一直追送至严滩。在严滩，临别之时，龙溪举佛家实相、幻相之说，阳明就本体、工夫相谕。

> 先生起行征思、田，德洪与汝中追送严滩，汝中举佛家实相、幻相之说。先生曰：“有心俱是实，无心俱是幻；无心俱是实，有心俱是幻。”汝中曰：“有心俱是实，无心俱是幻，是本体上说工夫；无心俱是实，有心俱是幻，是工夫上说本体。”先生然其言。洪于是时尚未了达，数年用功，始信本体、工夫合一。但先生是时因问偶谈，若吾儒指点人处，不必借此立言耳。（《传习录》下）

此中涉及佛家名相，故须略加分析：“有心俱是实，无心俱是幻；无心俱是实，有心俱是幻”，这是在就佛家的实相、幻相来谈良知。“有心俱是实，无心俱是幻”，“有心”“无心”的“心”，即是良知。“有心”所发的都是良知，良知岂有不实的？所以，“有心俱是实”。“无心”则无良知，既无良知，一切便都是幻。所以，“无心俱是幻”。龙溪所谓“本体上说工夫”，即以良知为本，一切都顺着良知发用。“无心俱是实，有心俱是幻”，“无心”“有心”的“心”，乃是私心。“无心”则无私心，无私心自然都是良知发用，所以，“无心俱是实”。“有心”则有私心，私心所在，自然是幻，所以，“有心俱是幻”。龙溪所谓“工夫上说本体”，工夫便是克治私心，私心克治，本体自显。据龙溪之言，可见他已然领悟了阳明的天泉之教，真可谓聪颖过人。

路过余干时，徐樾自贵溪追至，于舟中向阳明问学。

> 先生发舟广信，沿途诸生徐樾、张士贤、桂轨等请见，先生俱谢以兵事未暇，许回途相见，徐樾自贵溪追至余干，先生令登舟。樾方自白鹿洞打坐，有禅定意。先生目而得之，令举似，曰：“不是。”已而稍变前语，又曰：“不是。”已而更端，先生曰：“近之矣。此体岂有方所，譬之此烛，光无不在，不可以烛上为光。”因指舟中曰：“此亦是光，此亦是光。”直指出舟外水面曰：“此亦是光。”樾领谢而别。(《年谱》)

天地间无一不是良知的呈现，无一不是光，所以，阳明指示一切都是光。次日，阳明至南浦，一番讲学，令最初不信学的唐尧臣为之折服。

至南浦，父老军民俱顶香林立，填途塞巷，至不能行。父老顶舆传递入都司，先生命父老军民就谒，东入西出，有不舍者，出且复入，自辰至未而散，始举有司常仪。明日谒文庙，讲《大学》于明伦堂，诸生屏拥，多不得闻。唐尧臣献茶，得上堂旁听。初尧臣不信学，闻先生至，自乡出迎，心已内动。比见拥谒，惊曰："三代后安得有此气象耶！"及闻讲，沛然无疑。同门有黄文明、魏良器辈笑曰："逋逃主亦来投降乎？"尧臣曰："须得如此大捕人方能降我，尔辈安能？"(《年谱》)

真有几分"君子所过者化，所存者神，上下与天地同流"(《孟子·尽心上》)的意味。

途径吉安时，阳明又曾在螺川驿讲学。

诸生彭簪、王钊、刘阳、欧阳瑜等偕旧游三百余，迎入螺川驿中。先生立谈不倦，曰："尧、舜，生知安行的圣人，犹兢兢业业用困勉的工夫。吾侪以困勉的资质，而悠悠荡荡，坐享生知安行的成功，岂不误己误人？"又曰："良知之妙，真是周流六虚，变通不居。若假以文过

饰非，为害大矣。”临别嘱曰：“工夫只是简易真切，愈真切，愈简易；愈简易，愈真切。”（《年谱》）

阳明不但自己一路讲学，还不忘嘱咐绪山、龙溪讲学。

家事赖廷豹纠正，而德洪、汝中又相与薰陶切劘于其间，吾可以无内顾矣。绍兴书院中同志，不审近来意向如何？德洪、汝中既任其责，当能振作接引，有所兴起。会讲之约但得不废，其间纵有一二懈弛，亦可因此夹持，不致遂有倾倒。余姚又得应元诸友作兴鼓舞，想益日异而月不同。老夫虽出山林，亦每以自慰。诸贤皆一日千里之足，岂俟区区有所警策？聊亦以此示鞭影耳。（《与钱德洪、王汝中》）

五、平定思、田

赴任途中，阳明便已经“沿途咨访”，并于十月三日发布《钦奉敕谕通行》，请各级官员群策群力，提供相关信息和建议。因此，在还没有抵达梧州时，阳明便已经对实际情况有了大致的了解，并初步确定了招抚的计划。十月底，阳明抵达赣州后，发布了《湖兵进止事宜》，令湖兵待他到任之后，再“决进止”。

十一月二十日，阳明抵达梧州，次日开府。又以旬日多方谘询，对于卢苏、王受叛乱的缘由已经了如指掌，于十二月一日上《赴任谢恩遂陈肤见疏》，力主招抚，并建议思恩、田州仍旧设立土官。十二月三日，阳明启程赶赴南宁，五日，抵达平南。此时，朝廷已允西樵（方献夫）之奏，令姚镆致仕，并召回太监郑润、总兵官朱麟。在平南，阳明曾寄家书给正宪，其中有云：“吾平生讲学，只是‘致良知’三字。”对自己一生讲学作了总结。二十二日，阳明在平南组织众将官会议平定思恩、田州叛乱的方案，在阳明的坚持下，最终决定采取招抚方案。阳明之所以坚决主张招抚方案，实是出于良知，本于仁心。此前，他在给西樵的信中也谈到了招抚之策，他说：

> 思、田之事已坏，欲以无事处之，要已不能。只求减省一分，则地方亦可减省一分之劳扰耳。此议深知大拂喜事者之心，然欲杀数千无罪之人，以求成一将之功，仁者之所不忍也。（《年谱》）

二十六日，阳明抵达南宁，开始着手准备招抚事宜，他首先下令“尽撤调集防守之兵，数日之内，解散而归者数以万有余”，至于湖兵，则因为“道阻且远，不易即归，仍使分留南宁、宾州，解甲休养，待间而发”。而卢苏、王受等人此前听闻阳明奉命前来查勘，“始知朝廷亦无必杀之意”，而“皆有投生之念”，日夜盼望阳明早日到任。及至听闻“太监、总兵等官复皆相继召还”，而阳明抵达南宁后，又尽撤防守之兵，于是，“投生之念益坚”，乃于嘉靖七年（1528）正月初七日派遣头目黄富等前来诉告投顺归降之意，“愿得扫境投生，惟乞宥免一死”，于是，阳明又谕以“朝廷之意正恐尔等有所亏枉，故特遣大臣前来查勘，开尔等更生之路，尔等果能诚心投顺，决当贷尔之死”。并“复开陈朝廷威德，备写纸牌，使各持归，省谕卢苏、王受等”。卢苏、王受等得牌，“皆罗拜踊跃，欢声雷动。当即撤守备，具衣粮，尽率其众，扫境来归”。于二十六日，“俱至南宁府城下，分屯为四营”。次日，卢苏、王受等“皆囚首自缚，各与其头目数百人赴军门投见。号哀控诉，各具投状，告称前情，乞免一死，愿得竭力报效”。阳明根据实际罪状，“下卢苏、王受于军门，各杖之一百”，谕以“今日宥尔一死者，是朝廷天地好生之仁；杖尔一百者，乃我等人臣执法之义。”于是，众皆扣首悦服。其后，阳明“随至其营，抚定余众，皆莫不感泣欢呼，皆谓朝廷如此再生之恩，我等誓以死报”。就此，一场为期近三年之久的叛乱，阳明仅用了两个月左右的时间便迅速平定，“不折一矢，不戮一卒，而全活数万生灵”（《奏报田州、思恩平复疏》）。

后来，卢苏、王受等人确实如其所说，“竭力报效”。在破八寨、断藤峡之贼中，屡立战功，“又于本月十七等日，卢苏、王受等复攻破黄田等寨，斩首从贼徒贼级三百六十二名颗，俘获数多。六月初七等日，复攻破铁坑等寨，斩获首从贼徒贼级二百五十三名颗，俘获数多”（《八寨、断藤峡捷音疏》）。

思、田之乱平定之后，阳明迅速投入善后工作，他于二月十三日上了《奏报田州、思恩平复疏》，请求奖赏有功人员。四月六日，上了《处置平复地方以图久安疏》，详述了土官、流官共设并用的方案。疏上，得到了朝廷的应允。与此同时，阳明身体力行，开展教化事务，他发布行文，要求广西提学道兴举学校，倡行乡约。阳明尤其重视县学的兴办，亲自为县学延请讲师。他还在南宁修建了敷文书院，时至六月，书院建成，他书写了一副联文：“欲求明峻德，惟在致良知。”并延请门人季本任主教，讲述良知之学。

第十五章　此心光明

一、破八寨、断藤峡之贼

平定思、田之乱后，阳明又“就湖广撤回之兵而乘其取道之便，用两广新附之民而鼓其报效之勇，财力不致于大费，小民不及于疲劳”，遂荡平八寨、断藤峡诸贼巢穴，安靖一方（《乞恩暂容回籍就医养病疏》）。

八寨、断藤峡之贼，与卢苏、王受等不同，他们累年危害一方，以致民不聊生，阳明在赴任两广途中便已有所耳闻，当时，便有借湖兵荡平之意，“及照各处流贼，素为民患，非止一巢，若用声东击西之术，则湖兵之来，未为徒行”（《湖兵进止事宜》）。平定思、田之后，地方官员先后请兵“征剿积年穷凶极恶瑶贼，以除民患”，百姓们也“纷纷诉苦，请兵急救荼毒”。阳明更是深知“各贼之恶，委已数穷贯满，神怒人怨，难复逋诛”，而不忍心不为之剪除，加之朝廷任命时曾有云：“但遇贼寇生发，即便相机，可抚则抚，可捕则捕，钦此。”于是，决定征剿诸贼。

三月二十三日，阳明下令进剿八寨、断藤峡。四月二日进军，四月十日，破断藤峡。破断藤峡，阳明运用的还是他一贯的手法，出其不意，攻其不备：

> 各贼先防湖兵经过，各将家属生畜驱入巢后大山潜伏。贼首胡缘二等各率徒党团结防拒。然访知本院住扎南宁，寂无征剿消息，又不见调兵集粮，而湖兵之归，又皆偃旗息鼓，略无警备，遂皆怠弛，不以为意。至是突遇官兵，四面攻围，各贼仓惶失措……（《八寨、断藤峡捷音疏》）

官兵攻破断藤峡后，阳明作了一首诗，可见他彼时的心意：

> 才看干羽格苗夷，忽见风雷起战旗。
> 六月徂征非得已，一方流毒已多时。
> 迁宾玉石分须早，聊庆云霓怨莫迟。
> 嗟尔有司惩既往，好将恩信抚遗黎。（《破断藤峡》）

四月二十三日，破八寨。破八寨，阳明运用的依旧是出其不意、攻其不备的奇兵：

> 先于二十二日晚，于新墟地方集各土目人等，申布本院密授方略，乘夜衔枚速进，所过村寨，寂然不知有兵。黎明各抵贼寨，遂突破石门天险，我兵尽入。贼方惊觉，皆以为兵从天降，震骇溃窜，莫知所为。我兵乘胜追斩，各贼且奔且战……（同上）

同样，攻破八寨之后，阳明也作了一首诗，诗中既有自得，亦有反省：

> 见说韩公破此蛮，貔貅十万骑连山。
> 而今止用三千卒，遂尔收功一月间。
> 岂是人谋能妙算？偶逢天助及师还。
> 穷搜极讨非长计，须有恩威化梗顽。（《平八寨》）

其后，阳明派遣官兵继续追剿逃匿贼寇，时至六月十日，破铁坑、绿茅诸寨，追剿至横水江，至此，“八寨之贼略已荡尽，虽有脱网，亦不能满数十余徒矣”（《八寨、断藤峡捷音疏》）。于是，官军班师回军。就此，累年危害一方的八寨、断藤峡之贼，阳明用了两个多月的时间便彻底荡平了。

七月十日，阳明上《八寨、断藤峡捷音疏》。十二日，阳明上《处置八寨、断藤峡以图永安疏》。令人啼笑皆非的是，世宗收到捷音疏后，竟然作了如此评价："此捷音近于夸诈，有失信义，恩威倒置，恐伤大体。"(《明世宗实录》卷九十四)那些忌妒阳明的人便乘势诋毁阳明，甚或有人指责阳明："所奉命抚剿田州、思恩也，乃不剿田州则亦已矣，遂剿八寨，可乎？"直是无端！方献夫与霍韬替阳明愤愤不平，上《地方疏》，辩白阳明之功，疏上，世宗竟不允。

二、归途

七月十日，阳明上《八寨、断藤峡捷音疏》，同日，又上《乞恩暂容回籍就医养病疏》[1]。此疏充分展现了一位为国为民鞠躬尽瘁、死而后已的大儒形象：

---

① 据束景南考证，此疏当上于七月十日，而非《全集》所标的十月十日。

……臣自往年承乏南赣，为炎毒所中，遂患咳痢之疾，岁益滋甚。其后退伏林野，虽得稍就清凉，亲近医药，而病亦终不能止，但遇暑热，辄复大作。去岁奉命入广，与旧医偕行，未及中途，而医者先以水土不服，辞疾归去。是后，既不敢轻用医药，而风气益南，炎毒益甚。今又加以遍身肿毒，喘嗽昼夜不息，心恶饮食，每日强吞稀粥数匙，稍多辄又呕吐。当思恩、田州之役，其时既已力疾从事，近者八寨既平，议于其中移卫设所，以控制诸蛮，必须身亲相度，方敢具奏，则又冒暑舆疾，上下岩谷，出入茅苇之中，竣事而出，遂尔不复能兴。今已舆至南宁，移卧舟次，将遂自梧道广，待命于韶、雄之间。……夫竭忠以报国，臣之素志也；受陛下之深恩，思得粉身碎骨以自效，又臣近岁之所日夜切心者也。病日就危，尚求苟全，以图后报，而为养病之举，此臣之所大不得已也。惟陛下鉴臣一念报主之诚，固非苟为避难以自偷安，能悯其濒危垂绝不得已之至情，容臣得暂回原籍就医调治，幸存余息，鞠躬尽瘁，以报陛下，尚有日也。臣不胜恳切哀求之至！

八月二十七日，阳明自南宁启程奔赴广州，以等候朝廷复命。途径横州时，阳明拜谒了伏波庙。十五岁时，阳明曾梦见拜谒伏波庙，如今置身实地，竟“宛然如梦中”，阳明很是惊异，一时慨然，作了两首诗：

> 先生十五岁时尝梦谒伏波庙，至是拜祠下，宛然如梦中，谓兹行殆非偶然，因识二诗。
>
> 其一曰：
>
> 四十年前梦里诗，此行天定岂人为！
> 徂征敢倚风云阵，所过须同时雨师。
> 尚喜远人知向望，却惭无术救疮痍。
> 从来胜算归廊庙，耻说兵戈定四夷。
>
> 其二曰：
>
> 楼船金鼓宿乌蛮，鱼丽群舟夜上滩。
> 月绕旌旗千嶂静，风传铃柝九溪寒。
> 荒夷未必先声服，神武由来不杀难。
> 想见虞廷新气象，两阶干羽五云端。（《年谱》）

并将十五岁梦中所作绝句题于庙壁。

九月七日，阳明抵达广州，有家书，病情似略有好转，“病势今亦渐平复，但咳嗽终未能脱体耳”，并且略带乐观地说：“《养病本》北上已二月余，不久当得报，即逾岭东下，则抵家渐可计日矣”，并嘱咐正宪“书至即可上白祖母知之”（《又寄正宪男》书二）。

九月八日，行人冯恩赍敕书赏赐抵达广州，这是朝廷对于阳明平定思、田之乱的奖励，阳明上了《奖励赏赍谢恩疏》。冯恩就此向阳明问学，阳明欣然收之为弟子，并对人说：“任重道远，其在冯生哉！”

阳明在广州等候朝廷复命，可是，抵达广州半月有余，依然没有任何信息，阳明便再次寄书正宪，此时病情似乎有所加重：“我至广城已逾半月，因咳嗽兼水泻，未免再将息旬月，候《养病疏》命下，即发舟归矣。家事亦不暇言，只要戒饬家人，大小俱要谦谨小心。”（《又寄正宪男》书三）

时至十月，阳明没有等到朝廷对《养病疏》的复命，却等到了增城忠孝祠修复的消息。忠孝祠祀奉的是阳明六世祖王纲。洪武年初，王纲任广东参议，前往潮州平乱，途径增城时，为海寇所杀。其子王彦达只身入于寇巢，终于得以羊裘裹父尸而还，增城当地为王纲父子建祠祭祀。祠堂因年久失修，嘉靖七年夏，增城知县朱道澜决定重修忠孝祠，时至十月，竣工。消息传来，阳明决定抱病亲往增城祭祀先祖，他作了一篇沉痛的《祭六世祖广东参议性常府君文》，赞誉了王纲之忠、彦达之孝。并在忠孝祠壁上书写了一首诗：

谒增江祠壁

海上孤忠岁月深，旧壝荒落杳难寻。

风声再树逢贤令，庙貌重新见古心。

香火千年伤旅寄，烝尝两地叹商参。

邻祠父老皆仁里，从此增城是故林。（见《嘉靖增城县志》，转引自束景南《阳明大传：“心”的救赎之路》）

在增城时，阳明还曾寻访挚友甘泉旧居，有感于与甘泉半生论学之情，阳明在此徘徊良久，并吟了两首诗，题写在墙壁上。

题甘泉居

我闻甘泉居，近连菊坡麓。

十年劳梦思，今来快心目。

徘徊欲移家，山南尚堪屋。

渴饮甘泉泉，饥餐菊坡菊。

行看罗浮云，此心聊复足。

书泉翁壁

我祖死国事，肇禋在增城。

荒祠幸新复，适来奉初蒸。

亦有兄弟好，念言思一寻。
苍苍蒹葭色，宛隔环瀛深。
入门散图史，想见抱膝吟。
贤郎敬父执，僮仆意相亲。
病躯不遑宿，留诗慰殷勤。
落落千百载，人生几知音？
道通著形迹，期无负初心！

这是阳明一生最后的两首诗。既总结了与甘泉一生的友情，“落落千百载，人生几知音”；也念念不忘相劝甘泉，以道自任，无负初心，“道通著形迹，期无负初心”。

自增城返归广州之后，阳明的病势日益加重，心中却依旧牵挂绪山、龙溪等门人，以期会聚论学。

区区病势日狼狈，自至广城，又增水泻，日夜数行不得止，今遂两足不能坐立。须稍定，即逾岭而东矣。诸友皆不必相候。果有山阴之兴，即须早鼓钱塘之舵，得与德洪、汝中辈一会聚，彼此当必有益。（《答何廷仁》）

然而，阳明还是坚持在广州等候朝廷指令。时至十月三十日，门人黄佐见阳明病势严峻，劝他尽早北归，“予见其面色黧悴，时咽姜蜜以下痰，劝之行，公以为然”（黄佐《庸言》）。于是，十一月一日，阳明上《乞骸骨疏》，同日，离广州北归。

三、阳明之逝

十一月一日，阳明自广州北归。二十八天后，也就是十一月二十九日，阳明逝于青龙铺。

> 是月廿五日，逾梅岭至南安。登舟时，南安推官门人周积来见，先生起坐，咳喘不已，徐言曰：“近来进学如何？”积以政对，遂问道体无恙，先生曰：“病势危亟，所未死者，元气耳。”积退而迎医诊药。廿八日晚，泊，问：“何地？”侍者曰：“青龙铺。”明日，先生召积入，久之，开目视曰：“吾去矣！”积泣下，问：“何遗言？”先生微哂曰：“此心光明，亦复何言？”顷之，瞑目而逝，二十九日辰时也。（《年谱》）

门人赣州兵备张思聪“追至南安，迎入南野驿，就中堂沐浴衾敛如礼”。十二月三日，思聪与官属师生设祭入棺。次日，舆榇登舟，北归，“士民远近遮道，哭声振地，如丧考妣”。抵达赣州时，提督都御史汪鋐迎祭于道，“士民沿途拥哭如南安”。到达南昌，巡按御史储良材、提学副使门人赵渊等“请改岁行，士民昕夕哭奠”。嘉靖八年（1529）正月，绪山与龙溪“将入京殿试，闻先生归，遂迎至严滩”，旋即闻讣，立即迎至广信。“正月三日，成丧于广信，讣告同门”。二月四日，舆榇至越，阳明终于得以归乡。

此时，朝廷围绕着阳明进行了一场争论，世宗再次要起了“学禁”的伎俩。

> 守仁放言自肆，抵（诋）毁先儒，号召门徒，声附虚和，用诈任情，坏人心术。近年士子传习邪说，皆其倡导。……都察院仍榜谕天下，敢有踵习邪说，果于非圣者，重治不饶。（《明世宗实录》）

然而，阳明再也听不到世宗的这份近乎是辱骂的旨谕了。他只是静静地躺着，任由朝廷上的闹剧自生自灭。十一月十一日，“发引，门人会葬者千余人”，葬于洪溪。“洪溪去越城三十里，入兰亭五里，先生所亲择也”。终归于兰亭，当是出于对祖先王羲之的仰慕。

据《年谱》，阳明最终遗言乃为“此心光明，亦复何言”，“此心光明”，又何须赘言？阳明一生修学，最终落实为“此心光明”四字。此四字极见阳明气象。然而，在久庵所撰之《行状》中，阳明遗言并非“此心光明，亦复何言”，而是“他无所念，平生学问方才见得数分，未能与吾党共成之，为可恨耳”。有学者便认为阳明晚年自叹学问未及圆满，尚有遗憾。其实不然。以笔者之见，则阳明逝前之言，自非仅仅“此心光明，亦复何言”八字，必然还有其他言辞。惟此八字最能见阳明气象，故而，绪山录于《年谱》之中。至于久庵所录，则是因为他所关注的乃是阳明学问的发用层面。概言之，则绪山、久庵二人所述，实贯穿着内圣外王两端：“此心光明”讲求的是内圣，于内圣一端，阳明自无遗憾，“亦复何言”；于外王一端，则远未能尽其所学，“平生学问方才见得数分”，故而，“为可恨耳”。故知，阳明至死不忘大同之志。